人文武术精品书系

武品

勿使前辈之遗珍失于我手
勿使国术之精神止于我身

百家功夫

吴式太极拳八法

张全亮 马永兰 著

北京科学技术出版社

图书在版编目(CIP)数据

吴式太极拳八法/张全亮，马永兰著. —北京：北京科学技术出版社，2019.7
（百家功夫丛书）
ISBN 978－7－5304－9802－6

Ⅰ.①吴…　Ⅱ.①张…②马…　Ⅲ.①吴式太极拳－基本知识　Ⅳ.
①G852.11

中国版本图书馆 CIP 数据核字（2018）第 183835 号

吴式太极拳八法（附光盘）

作　　者：张全亮　马永兰
策划编辑：王跃平
责任编辑：苑博洋
责任校对：贾　荣
责任印制：张　良
封面设计：古涧文化
出 版 人：曾庆宇
出版发行：北京科学技术出版社
社　　址：北京西直门南大街 16 号
邮政编码：100035
电话传真：0086－10－66135495（总编室）
　　　　　0086－10－66113227（发行部）　0086－10－66161952（发行部传真）
电子信箱：bjkj@ bjkjpress. com
网　　址：www. bkydw. cn
经　　销：新华书店
印　　刷：保定市中画美凯印刷有限公司
开　　本：710mm×1000mm　　1/16
字　　数：230 千字
印　　张：17.25
插　　页：4
版　　次：2019 年 7 月第 1 版
印　　次：2019 年 7 月第 1 次印刷
ISBN 978－7－5304－9802－6/G·2809

定　　价：86.00 元（附光盘）

吴式太极拳八法

重要太极拳

神必备精华

江在

张耀庭书

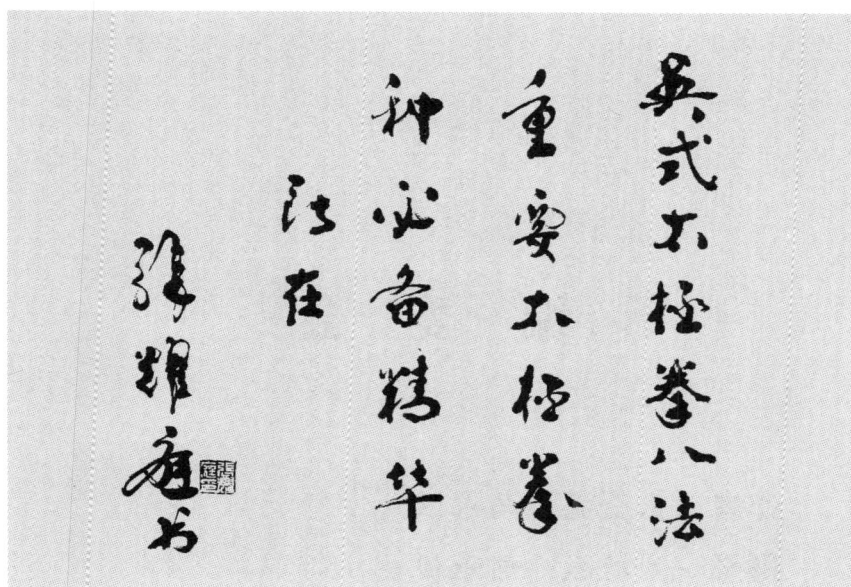

张耀庭，原中国武术协会主席，原中国武术院院长

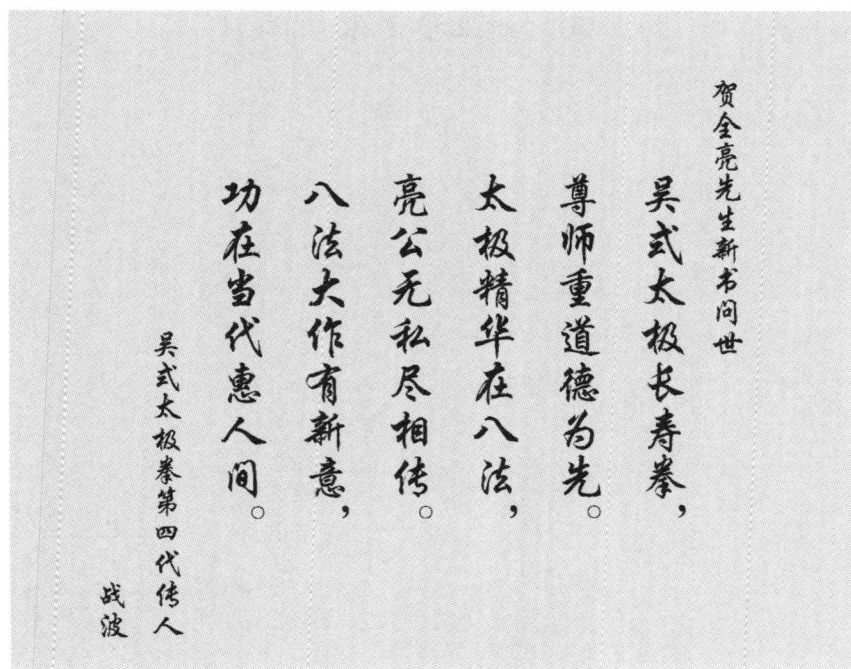

贺全亮先生新书问世

吴式太极长寿拳，

尊师重道德为先。

太极精华在八法，

亮公无私尽相传。

八法大作有新意，

功在当代惠人间。

吴式太极拳第四代传人

战波

战波，吴式太极拳第四代传人

编 委 会

作者　张全亮　马永兰

摄影　刘功烈　何承俊

编者　王乃昭　张小瑛　李雪征　张卫公

　　　刘　泉　林卫华　张　辉

序 一

《吴式太极拳八法》是我的师兄张全亮先生新近完成的又一部关于吴式太极拳的著作。此前，他已在北京科学技术出版社出版了《传统吴式太极拳入门诀要》一书，他计划将吴式太极拳系统整理形成一个系列。本书就是这个系列的第二部。

看到这部书稿，我感到非常高兴。因为这对于传承传统吴式太极拳来说，实在是一件大好事。我想，如果先父在天之灵有知，也一定会为此感到欣慰。

这部书稿，讲的是吴式太极拳八法——掤、捋、挤、按、採、挒、肘、靠。我们知道八法是太极拳化、引、拿、发，克敌制胜的法宝。学练太极拳而不学八法，不明白八法的体用，用以健身则可，而用以技击则无效果。由此可见，八法之于太极拳是何等重要。一句话，知不知道、学没学过、练没练过八法，对八法掌握程度如何，是衡量习练太极拳是否已经入门和达到何种层次的一个重要的尺度。

我们还知道，武术的本质是技击。包括吴式太极拳在内的各式太极拳，作为中华武术的重要组成部分，同样也是如此。我们要传承中华武术，就不能不传承中华武术的各种关于技击的理论与方法。以前，由于种种原因，我们对这个问题重视不够，往往只强调武术的健身作用而很少或根本不提武术在技击上的意义。这就使很多很好的东西慢慢失传了，使武术变成了空架子，变成了花拳绣腿。现在，该是我们以传承中华武术为己任的迫切之时了。正是从这个意义上，我要为这部书的出版叫好。

当年追随先父王培生学练吴式太极拳的所有弟子中，张全亮师兄是非常刻苦的一位。正是基于这样的原因，他的功夫学得非常好。当然，悟性也是一个重要方面。我想，如果没有这些，要想把八法写成书，那是根本不可能的。

2015 年 11 月 15 日下午，北京市吴式太极拳研究会在北京理工大学举办的理论讲座上，张全亮师兄以"吴式太极拳基本八法要意"为题，把自己多年学习研究吴式太极拳八法的收获、体会、练法、用法做了全面的介绍和演示，得到了与会人员的好评。会后，人们还纷纷向张全亮师兄索要文字稿。我想师兄的这部书出版之后，一定能够满足广大太极拳爱好者学习八法的心愿。

在《传统吴式太极拳入门诀要》的序言中，介绍了张全亮师兄当年工作、学习和投身武术事业等方面的一些情况。从这些介绍中，我们可以看出张全亮师兄是一位有雄心大志，而又脚踏实地不务虚名的人；是一位勤思善悟，苦练精研的人；特别是他在尊师重道方面表现得尤为突出。他写的《门规师训》《王培生先生拳术风格》《八卦三合功》《八卦掌精要》等文章和专著，都曾得到家父的热情鼓励和高度评价，并先后为他写了热情洋溢的"按语""跋"和"序言"。中国传统武术的传承和发展需要张全亮师兄这样的人和这样的精神。

这部书稿的主要内容，包括上下两编。上编是张全亮师兄写的八法真解，下编则是先父当年所写的太极推手。八法与推手关系密切，八法是通过推手来实现的，而推手是八法的具体体现。

这本书同此前出版的《传统吴式太极拳入门诀要》比较起来，"诀要"是"入门"的捷径，而"八法"则是入门后攀登太极拳高峰的阶梯。两者相辅相成，缺一不可。但是要真正读懂这本书并把这本书的内涵练到身上，真不是一件容易的事。

"八法"之所以难，是因为其中涉及很多我国传统文化的知识，比如天干地支、五行八卦等，而这些知识，一般练拳的人了解不多。这些内容，是古人认识世界、指导行动、说理论事的"工具"，就像中医一样，诊病时总离不开四诊八纲、阴阳表里、寒热虚实之类的医理，不是仅仅靠着几个祖传秘方来行医治病的。

武术也是这样，不是只靠一拳一脚来体现武术的本质和全部。传统武术内涵博大精深，外延无限广阔，是数千年武林先辈用生命和鲜血换来的极其珍贵的非物质文化遗产。特别是太极拳，既是健身的法宝，又是防身的利器，还是令人开智开悟，使人聪明和善、开拓进取的良师益友。家父在武术理论和练法用法的有机结合方面，研究颇深，成果颇丰。所以他的武术理论精妙、高深、独到，且趣味无穷。在八法演练和实用方面，家父精美绝妙的拳势姿态，神出鬼没的技击威力，在武术界特别是太极拳界评价极高。

张全亮师兄数十年如一日地研究家父的技术、理论、文化，成果显著，在我们师兄弟当中是佼佼者，在武术界、太极拳界也是名声显赫。2017 年他先后被北京体育大学武术学院和山东龙象天和太极文化发展有限公司联合聘为"中国太极拳标准教学及养生康复功用研究组"研究员；被国家体育总局授予群众体育先进个人；在"全球百城千万人太极拳展演"活动中，他荣获河南中国太极文化研究基地颁发的"太极拳传承特殊贡献奖"；在"第二届世界太极文化节"上，他所创建的北京大兴鸣生亮武学研究会被评为"最具影响力世界太极优秀机构"。他的业绩为我们吴式太极门增添了光彩。

张全亮师兄所写的"王培生先生拳术风格"一文，对家父的拳法特点总结得全面、深透、有新意，文字也精彩。多年前已被《精武》杂志刊发，现在又收录于本书附录中。我想，师兄的用意，是要竖起一根标杆，让后来人以家父王培生为榜样，努力追求家父崇高的武德、精湛的技艺、超凡的境界、无畏的精神。其心拳拳，天地可鉴。愿与我门弟子共勉。

北京市吴式太极拳研究会常务副会长

王乃昭

太极名家王培生之子

序 二

明八法而得一拳

"太极八法"是很基本的，也是很高深的太极拳功夫。各派太极拳都有八法，说法、练法有相通之处，也有区别。

张全亮老师写作出版《吴式太极拳八法》一书，从吴式太极拳的角度，结合张老师个人的理解和修为，讲解八法之要、之妙，对于广大太极拳研习者来说，是一件十分有益的好事。

太极内功，讲的人多，但真正懂得的人少。因为内功有法要，有程序。很多人一知半解，练起来会茫茫然，误己误人。张全亮老师此书，具有很浓郁的内功特征，恰是解答了许多人练拳中的疑惑。

张全亮老师是一位难得的太极内功大行家。这源于他对传统武术用情之深，用情之专。"深"表现在几十年不断，日益加深，日益深厚；"专"表现在此生唯此事，未曾改，也不会改。这样他就能够完全沉得下来，静得下来，以一种纯粹的心境去追求太极拳的自然之境，这是内功的大要。这种"深""专"完全熔铸在武术的功技修为上，便打通了内外，所谓"如一"。几十年的教学实践，又使得张老师十分善于把太极的精微以通俗的形式讲解明白，落实在书上，便是讲得明了，又讲得透彻。本书虽然重点讲的是"太极拳八法"，实则涉及太极拳的很多方面，真正实现"明八法而得太极"，具有很强的可读性和实用性。

"理法兼备"是本书的一个重要特色，书中将太极拳的练法和古代哲学、中医学的理论相结合，系统阐释了太极八法的要义，在传统拳论实践的基础上，呈现了许多独特的感悟成果。因此，本书不仅对于吴式太极拳习练者有意义，对于其他流派的太极拳传人也有重要的参考、学习价值。

世界太极拳网总编
著名武术文化学者　余功保

前　言

　　我很早就想写一点关于吴式太极拳的书。作为吴式太极拳（北派）的第四代传人，一个习练了吴式太极拳几十年、有着众多门生弟子且年近80岁的人，我觉得自己有不可推卸的责任，同时也有一种紧迫感。这当然不仅仅是为了我的弟子们，更是为了我终生所喜爱的吴式太极拳——我国优秀传统文化的一个代表性项目，我一定要把它毫无保留地传承下去！

　　吴式太极拳起源于北京大兴。按理，北京大兴习练吴式太极拳的人应该不少，但在40年前我整个的青少年时期，北京大兴从未见过、也未听说过哪里有练吴式太极拳的人。

　　我自幼酷爱武术，简直到了痴迷的程度。幸运的是，20世纪70年代初我遇到了著名的武术大家——精通太极、八卦等多门武术的一代宗师王培生先生，并于1985年正式拜他为师学习吴式太极拳。多年来，经恩师的悉心传授和耐心指点，自己的功夫日益精进，我对吴式太极拳也越来越痴迷，并从拜师那刻起立下了要把吴式太极拳传承下去的宏愿。

　　40多年来，我一方面自己刻苦练功，一方面在大兴地区大力推广吴式太极拳。现在，吴式太极拳在大兴已经得到了极大的普及，其习练者已近万人，从而使吴式太极拳成了北京大兴区的一张独特的文化名片。

　　为了更好地弘扬和传承吴式太极拳和梁式八卦掌，我于2005年创办了北京大兴鸣生亮武学研究会，现在国内外已发展到30多个分会、百余个辅导站。目前，据不完全统计，国内外学练我所传承的吴式太极拳的人数已近10万之多。

2009 年、2014 年，鸣生亮武学研究会传承申报的吴式太极拳（北派），先后被评定为市级和国家级非物质文化遗产代表性项目。此后，我一直在想，为了把吴式太极拳的传承、推广再向前推进一步，使吴式太极拳的传承更系统、更规范，我必须抓紧编写和出版早就在酝酿之中的一系列关于吴式太极拳的书，我要把自己所掌握的吴式太极拳（北派）全部内容都整理出来，奉献给全社会。

吴式太极拳国家级非物质文化遗产牌证

吴式太极拳市级非物质文化遗产牌证

吴式太极拳系列图书的主要内容如下：

一、拳术套路（包括入门套路、基础套路、竞赛套路、经典套路、原始套路和实用套路共六套）

（一）入门套路（传统吴式简化太极拳 10 式）

此套路主要是为既没有足够空闲时间，又没有学练过任何一种太极拳的人准备的。此套路易学、易练，可使习练者快速入门，并对吴式太极拳产生兴趣。

（二）基础套路（传统吴式简化太极拳18式）

此套路是为有一定太极拳基础，但没有练过吴式太极拳的人准备的。吴式太极拳有其独特的运动特点，无论何人，开始习练时都会有一定的难度。习练者要想达到尽快掌握吴式太极拳运动规律的目的，避免或少走弯路，此套路不可不练。

此套路是从王培生先生传授的传统吴式太极拳37式套路中抽取18个式子，并按照其原来的先后顺序重新组合而成。即从起式依次练到第7式（肘底看捶），共7个式子；然后再与第28式云手的最后一个动作"左掌平按"（单鞭）相接，依次到收式，共11个动作，前后加起来共18式。这样做的目的是为了便于吴式太极拳37式这一经典套路的学习和推广普及。根据我多年教拳的经验，初学者要一下子把王培生先生的37式学完，是有很大难度的。而这18个式子，都是37式中难度较小的式子，便于初学者先易后难地学习掌握，从而为系统学练吴式太极拳37式打下基础。这18个式子练会了，习练者就基本掌握了吴式太极拳37式的运动规律，再接着学习中间的19个难度较大的式子，也就比较容易了。

（三）竞赛套路（传统吴式简化太极拳28式）

此套路是根据当今流行的太极拳比赛或表演的时间要求，在传统吴式太极拳套路中精选具有代表性的经典动作进行组合而成，是传统吴式太极拳的竞赛套路。

其特点有四：

第一，能体现出传统吴式太极拳的特点，且尽为其精华所在。

第二，能体现出传统吴式太极拳的难度和趣味性。

第三，演练时间符合现在比赛规则的要求。

第四，套路中的部分式子都是双侧练习，如"搂膝拗步""手挥琵琶""野马分鬃""玉女穿梭""金鸡独立""斜飞势""左右分脚""里外云手"等。这样编排，不仅对提高自身的协调性和左右平衡能力有很好的作用，还可以适应某些交流、演示场合的要求，在演练时临时减少一个或一些式子的一侧动作进行单侧演练，能把时间控制在要求的范围之内。

（四）经典套路（传统吴式简化太极拳37式）

此套路为先师王培生创编。1953年，王培生先生于北京工业学院教授吴式太极拳时，为了使学员能在短时间内学会、打完一套完整的吴式太极拳并能掌握其精髓，同时，应大多数学员的要求，去掉了83式中的重复动作，将原来老83式（326动）删定为37式（178动）。招式的顺序也按运动量的大小做了适当调整。

1953年至今半个多世纪的实践证明，这样编排后教与学的效果都非常好。37式太极拳已成为吴式太极拳（北派）传人的必修课，特别是王培生先生门下多以此37式为主要学习和传承内容。实践证明坚持下功夫学练、研究王培生先生创编的吴式太极拳37式，是全面掌握吴式太极拳精髓奥妙的捷径，是提高身体素质、提高推手和技击抗暴水平、开智开悟的快速有效方法。

我经过40多年的苦练精研和30多年的教学实践，深深感到这套拳绝对是太极拳的精品，内涵博大精深，外延无限广阔，只要按规范要求认真研练，深刻体悟，不但会使你身强体壮，技艺精进，而且会使你开智开悟，使你为人处世的能力都会有很大的提高。

（五）原始套路（杨禹廷吴式太极拳83式、王茂斋吴式太极拳83式）

杨禹廷吴式太极拳83式是杨禹廷先生传授的传统吴式太极拳老架，王茂斋吴式太极拳83式是王茂斋先生传授的传统吴式太极拳老架。两个套路虽各有不同的特点，但都展示了吴式太极拳的原始风貌。

（六）实用套路（吴式太极拳八法）

此套路是我在王培生先生传授的八法的练用方法、理论、歌诀的基础上，根据自己多年的体用感悟，进行充实、完善、细化而成的。我们可将其视为吴式太极拳的实用套路。

二、器械套路（包括吴式太极刀、吴式太极剑、吴式太极枪、吴式太极粘杆等）

三、拳术理论

这一部分拟将2007年1月中国海关出版社出版的《行八卦运太极解玄机·张全亮内家拳新解》一书中关于太极拳方面的歌诀、精论释义进行重新整理、补充、释义；另外，还拟将多年来自己在研究拳理拳法的过程中产生并记录下来的一些歌诀、语录整理注释出版，献给广大太极拳爱好者。

四、祛病强身小功法

本人在多年追随王培生先生学艺过程中，对他传授的祛病强身小功法就非常感兴趣；以后，在长期的实践中，更深深感到王培生先生的"祛病强身小功法"是他无私奉献给社会的、体现武医结合、简单易行、健身防身效果绝佳的宝贵财富，是中华民族的文化遗产。

吴式太极拳博大精深，准备写出的这些，不过是其九牛一毛而已。本人水平有限且年事已高，一些事只能留给后来人去做了。至于书中的谬误与不足之处，还望方家与广大读者不吝指教。

在本书的编写过程中，除了夫人马永兰及子女外，我还先后得到中国日报社张永忠师弟，鸣生亮武学研究会广东分会会长、我的弟子刘泉，副会长刘功烈、卫华、何承俊及弟子唐竹、再传弟子李永峰等的热情帮助，在此一并向他们表示感谢！

张全亮

吴式太极拳（北派）
鸣生亮门门规师训

此乃我入门弟子张全亮君，于 1997 年 9 月为其入门弟子写的门规师训，余闻后甚喜甚慰，正合我教诲之意，故嘱刊于《同门录》之中，纳为我吴式太极拳新时期之门规师训，晓与门人，广传谨守。愿我吴式太极拳之门人后代，德艺双馨，德才兼备，艺业同辉，光大门户，壮大国威。

王培生

1999 年 2 月于京师

一、忠于祖国，热爱人民

"国家兴亡，匹夫有责"乃中华儿女、炎黄子孙做人的根本。凡我门人后学均应以古今忠良为楷模，忠于祖国，热爱人民，视祖国为自家，视人民为父母，任何时候都不能置祖国安危、人民痛苦于不顾，否则，乃不忠之人也。

二、孝敬父母，尊敬师长

生我者父母，教我者老师。无父母难生于世，无师教难以成人。父母之养育、师尊之教诲，恩重于山，终生难报。凡我之门人后学均应以古今贤孝为榜样，孝敬父母，尊敬老师，否则，乃不孝之人也。

三、勤学苦练，不图虚名

"入门引路需口授，功夫无息法自修""久练自化，熟极自神""师父领进门，修行在个人"，这些至理名言应为我门人后学之座右铭。为练好武艺，应勤奋学习，刻苦修炼，寒暑不停，风雨不辍。不能浅尝辄止，一曝十寒。应坚韧不拔，努力攀登武学高峰。不能徒有虚名、无所作为。

四、博采众长，融会贯通

中华武术博大精深，各门各派均有所长。欲求精进，必须在精研、深悟本门技艺的基础上，博采众长，将兄弟门派拳理拳法之精华与本门拳艺融会贯通。同时，还要努力学习其他自然科学知识，触类旁通。努力在继承的基础上有所发现、有所创造、有所前进。只有这样，才能真正光大门户。

五、文明礼貌，诚以待人

文明、坦诚乃古之所倡，今之所求，是社会发展之标志。凡我门人后学必须文明礼貌，诚以待人，做到说文明话，办文明事，做文明人。不损人利己，不狡猾奸诈，不伤风败俗，不逞强好胜。要坦诚和善，谦恭礼让，善纳忠言，遵守社会公德，团结友爱，助人为乐。

六、遵纪守法，见义勇为

习武宗旨乃为健身抗暴、维护正义。凡我门人后学都要自觉遵纪守法，以自己良好的武德和技艺，做安定团结的楷模，同时还应弘扬正气，见义勇为，积极维护国家和人民的利益，勇于同坏人坏事做斗争。

张全亮

2016 年 10 月修订

目 录

上编 吴式太极拳八法真解

第一章　八法概说

太极拳素有"八法"之说。所谓"八法"，是指太极拳的"掤、捋、挤、按、採、挒、肘、靠"八种手法或八种劲别而言。其中，"掤、挤、肘、靠"代表四个进攻的手法，而"捋、按、採、挒"代表四个化解的手法。

太极拳之八法，是在技击实战中攻防的主要方法，是太极拳技击术的精华。《太极八字歌》云："掤、捋、挤、按世间稀，十个艺人九不知。若能轻灵并便捷，沾连粘随俱无疑。採、挒、肘、靠更出奇，行之不用费心机，果能沾连粘随字，得其环中不支离。"《太极打手歌》云："掤、捋、挤、按须认真，上下相随人难进。任他巨力来打我，牵动四两拨千斤。引进落空合即出，沾连粘随不丢顶。"从这两首歌诀中，我们可以清楚地看出，太极拳八法在太极拳技击术中的地位是何等重要。

八法的运用离不开五种步法，即前进、后退、左顾、右盼、中定。这五种步法，常以"金、木、水、火、土"五行来分别指代。这五种步法与八法合起来称为十三势，或八卦五行、八门五步、五门八法，但通常都称为十三势。十三势是太极拳的精髓。太极拳虽然流派纷呈，师传不一，风格各异，各流派对八法的内涵、外延、体用方法的认识各有千秋，但其拳理拳法都是以十三势为核心的，无论谁都离不了十三势。

吴式太极拳的八法，无论是其理论还是练法、用法，与其他流派相比，都有许多鲜明的特点。

下面，我结合自己所学和几十年来练拳、教拳的体会，把王培生老师所传的吴式太极八法的内涵、外延、体用方法做一系统介绍，供广大太极拳爱好者研究参考。

我们先来看看吴式太极拳八法的理论基础是什么，看看在这样的理论指导下，它又有怎样的特点。

吴式太极拳名家王培生老师认为，太极拳和八卦掌以及其他许多古老的拳法一样，都是以我国古代的哲学——阴阳八卦、五行生克等为其理论基础的。王培生先生在教拳中总是强调"头顶太极，胸怀八卦，脚踩五行"。他认为，太极拳通过长期缓慢轻柔、细致入微的拳架练习和经年累月、反复不停的沾连粘随、不丢不顶的推手实践，目的主要是从知己、知彼的层面和舍己从人的高度提高自身的感知和反应能力，在敏锐感知对方"动静之机"的同时，做出及时、准确的反应，使自己的神、形、意、气自然与对方阴阳相合，做到顾打合一。

王培生老师所传的吴式太极八法，在体用上强调八方力圆中走，不凹不凸不丢顶。一动即变劲，遇力即合助。一劲一卦象，一运一太极。他处处强调天人合一，要求八法之劲，每一劲都要清楚其源于哪个穴位，对应哪个卦象，冲合哪一干支，出现哪种技击效果，有何健身作用。他认为，八法之劲，全在中正安舒、自然旋转的运动中顺势而生，进攻化解勿自伸屈，勿自主张，不可用力，要纯任自然，纯以意行，纯是循客观规律，合阴助阳，阴阳相合，自然而然，不要有独阳进攻或孤阴化解的现象。

我们知道，在自然界中，地球绕太阳运转，公转自转同时进行，两仪（阴阳、昼夜）、四象（四方、四季）、八卦（风、雨、雷、电、地震、洪泛、火山爆发等各种自然现象）皆自然而生。人类对这些自然现象只能顺势循规、认识、利用，不能违逆、抗争、逞强，人和世间一切事物的运动规律都是与天同性的。八法的运用也是如此。一言以蔽之：

太极拳是一种"无为"的运动，处处式式循规而动，所谓"无为而无不为"也。

吴式太极八法不仅与我国古代哲学有着极为密切的关系，与我国传统医学的关系也是如此。例如，掤、捋、挤、按、採、挒、肘、靠这八种劲别，其形成和发出无一不是人体两个不同的穴位或部位相合或相冲的结果。

对此，王培生老师曾总结有如下歌诀：

> 掤劲命门找环跳，捋劲食指画眉毛。
>
> 挤劲夹脊找前脚，按劲凭栏楼下瞧。
>
> 採劲玄关找肩井，挒劲意在蹬后脚。
>
> 肘劲劳宫肩井合，靠劲玉枕扛大包。

此歌诀简单明了地告诉我们，在使用八法击人时，每一种劲法要求明确从何穴出发，与何穴相合或相冲，也就是意念点应在何处。表面上是外形的变化，实则是穴位意念的变化，只有这样才能做到"人不知我，我独知人，英雄所向无敌"。明白了这些要点，在日常演练和技击时，就有了明确的目标和方向，就能很快掌握其规范、要领，就抓住了主要矛盾，找到了入门和登高大成的捷径。八法中的掤、挤、肘、靠四劲是进攻之手法，捋、按、採、挒四劲为化解的手法。在实践中除了要熟练掌握这八种劲别的着意点之外，还要熟练掌握它们之间的生克关系。这种生克关系，同样是我国古代哲学思想在八法上的一种体现。

那么，吴式太极拳八法相互之间有着怎样相克或相生的关系呢？下面这一首歌诀说得再清楚不过：

> 捋劲破掤劲，掤遇捋生挤劲；按劲破挤劲，挤遇按生肘劲。
>
> 採劲破肘劲，肘遇採生靠劲；挒劲破靠劲，靠遇挒生掤劲。

在理论上，了解了上述八种劲法的劲源点和相互间的生克关系后，经过反复实践、认真体悟，由招熟到懂劲，由懂劲达神明后，就像给计算机里输入了一个正确的科学先进的程序，在实战中就可以应物自然，以不变应万变。八法的生克是人体在防身御敌的运动中循规顺势的科学体现，是"无为而无不为"的合道技艺，是体脑并练开智开悟的一种奇趣，是高效传统经典的内家功法。

这八种技法要一法一法地反复练习、体悟。先是一人演练——在手、眼、身法、步、精神、气力、功夫练到自然合一、毫无滞点的程度后，再进行两人对练，一人进攻，一人化解；待练到进退合一，不顶不抗的程度后，再换一法进行单人自练和双人的对抗练习。如是八法都练得精妙后，再进行八法的连环整体练习——也是先单人练，再双人练。总之，太极拳门人或爱好者，要想在太极拳的路径上登高大成，要想以太极拳的纯功绝技笑傲江湖，就必须在明师的指导下，对太极拳的基本八法进行认真的练习、实战、体悟、研究，要下大功夫，否则很难窥其堂奥，达到神妙之境。

八法与我国古代哲学和中医学的关系，除上面我们所说的之外，还表现在其他许多方面。这也是我们在学习八法时必须首先明确的。

我们先来看看下面这张表——我们姑且简称之为八法与八卦等概念的对照表吧。

八法	掤	捋	挤	按	採	挒	肘	靠
卦象	坎	离	震	兑	乾	坤	艮	巽
自然	水	火	雷（木）	泽（金）	天（金）	地（土）	山（土）	风（木）
方向	正北	正南	正东	正西	西北	西南	东北	东南
穴位	会阴	祖窍	夹脊（身柱穴）	膻中	性宫、肺俞	丹田	肩井	玉枕
脏腑	肾	心	肝	肺	大肠	脾	胃	胆

从表中我们可以清楚地看出，太极八法与中国的传统文化如八卦太极学说等、各种自然现象、宇宙的运动规律、传统医学的针灸、人体内的五脏六腑等都形同一体，相互关联。太极拳的八法是一种文化，是中华民族在数千年求生存谋发展的奋斗的过程中，用生命和心血逐步形成

并沉淀下来的，既能防身抗暴又能强身健体，具有中国人独特智慧和风格特点的文化，是国学内容的一部分。也可以说国学是中国传统文化的宝库或殿堂，研究太极八法和研究其他各门科学一样，都是进入这个宝库和殿堂的路径。太极八法文化内涵博大精深，科学外延无限广阔，它既是一种巧妙自然，趣味无穷，久练不疲的健身、防身技术，也是一种穷毕生之精力难尽其奥妙的科学艺术。太极八法是太极拳技艺、太极文化浓缩的精华，是其全部内涵外延的集中体现。

这里，我要提醒各位读者，上面的这张表非常重要，不仅我们在阅读下面的文字时离不开这张表，而且在今后我们继续学习和演练八法时同样离不开这张表——除非你对表的内容已然烂熟于心！

第二章 八法各论

第一节 掤

在八卦中，其卦为坎（☵）。坎中满而上下虚，表示发掤劲时丹田要沉实，上下要虚灵。坎的方位为北，为正，五行中属水，人体对应窍位是会阴穴（八法所涉穴位，后面有专门介绍）。意想此穴裆胯自松，身体自然会形下劲上，如同注水下钻上浮，产生一种向上的漂浮劲、膨胀力。此乃掤劲之始的（意）蓄劲（以心行意）。掤劲的最后完成或生效，还要借助于十二地支中的子（腰，命门）与丑（实侧胯之环跳穴）合（以气运身）：同时还要配合科学规范的手法与身法。在地支中重心如在右脚时，右胯为丑，意想命门穴（子）移向右胯，右手掤劲自会产生（图2-1）。反之在地支中重心如在左脚时，左胯为丑，意想命门穴（子）移向左胯，左手之掤劲自会产生。

图 2-1

为了便于记忆，根据掤劲的行功要领，我编了这样一首歌诀：

掤属水下钻上浮，子丑合松裆翻手。

六面劲忘掉手脚，主进攻上对下找。

意思是说，使用掤劲要效仿水的特点，先向下后向上，想会阴穴松裆，用命门找实腿（负重之腿）的环跳穴；同时上手（前手）翻转，虚照对方脸面，下手前推。同时要把手脚忘掉，只想实腿一侧的腰（子）与胯（丑）合，前手大指对鼻尖，眼看前手食指，心口窝追后手大指的指甲盖。前手食指找对方左眉梢，鼻尖对对方右鼻孔。这样，就可以像水一样形成六面合一之力上浮前冲，使对方拔根后仰。

第二节　挤

在八卦中，其卦为震（☳）。震仰盂，表示发挤劲时要意在脚下，腰以上要虚灵。震的方位为东，为正，五行属木，人体对应窍位是夹脊穴（作者经反复研究考证认为应为身柱穴）。这里指的是两肩胛骨之间的一

图2-2

个穴位部位。木属直性，想此部位可产生一种势不可挡的冲撞之力。推手中遇将用挤，意想此处可生挤劲。挤劲的产生还要与十二地支中的寅（实侧脚之涌泉穴）与卯（身柱穴）相合，即在挤时想身柱穴往实脚上落，才能生效。在地支中重心如在右脚时，右脚为寅，意想右脚的涌泉穴与身柱穴为上下相合。右臂横平于胸前，同时左掌于右臂弯处或右手之脉门处向右脚上拍按，挤劲（左）自会产生。（图2-2）

反之，地支中重心如在左脚时，左脚

为寅，意想左脚的涌泉穴与身柱穴上下相合，左臂横平于胸前，同时右掌于左臂弯处或左手之脉门处向左脚上拍按，挤劲（右）自会产生。

为了便于记忆，根据挤劲的内涵与外延，我编了这样一首歌诀：

<blockquote>
挤属木直撞前冲，想前脚（实脚）再想夹脊（身柱），

寅卯合形同刹车，主进攻状若雷击。
</blockquote>

意思是说，使用挤劲要效法木的特点，如以绳系木向前平行撞击他物，势不可挡，威力极大。在使用挤劲时要注意先想前脚之涌泉穴，再想身柱穴上下一合，也就是寅卯一合，就会像急刹车时一样，产生一种骤然向前的冲撞之力。

第三节　肘

在八卦中，其卦为艮（☶）。艮覆碗，表示人体如同一座大山，肩肘露出水面，身体其余部分都在水下——即只有肩肘是实的，身体的中、下部分都是虚灵的。打肘时要忘掉中、下盘。艮的方位为东北，为隅，五行中属土，人体对应窍位是肩井穴——打肘时意想此穴，劲力圆整，气势磅礴，伤害力极大。右肘的肘劲是通过地支中的辰（实侧肩之肩井穴）与巳（实侧手之劳宫穴）相合产生的。（图2-3）

反之，在地支中重心如在左脚时左肩

图 2-3

为辰，左手为巳，意想左手之劳宫穴与左肩之肩井穴相合，肘之肘劲自会产生。

为了便于记忆，根据肘劲的内涵与外延，我编了这样一首歌诀：

肘法浑圆用法多，如山没水半山突。

劳宫肩井辰巳合，膝追肘顶命呜呼。

意思是说，肘是近击之法（远拳近肘贴身靠），用法很多，但都是浑圆发力，不用分力，就像全身都在水中，只有肩、肘露在水面上，恰如艮卦的卦象。手与肩合，膝意想追前肘，肘劲自然向前，全身之力灌冲于肘，伤害力极大。

第四节　靠

图 2 - 4

在八卦中，其卦为巽（☴）。巽下断，表示人体上、中实，脚下虚空。方位为东南，为隅，五行属木，人体对应窍位是玉枕穴。在左肩打靠时，意想右肩井（辰——实侧肩）与左环跳（戌——虚侧胯）相冲为肩靠（辰戌相冲）；意想右环跳（丑——实侧胯）与左肩井（未——虚侧肩）相冲为背靠（丑未相冲）。（图2-4）

反之，在右肩打靠时，意想左肩井（辰——实侧肩）与右环跳（戌——虚侧胯）相冲为肩靠（辰戌相冲），意想左环跳

（丑——实侧胯）与右肩井（未——虚侧肩）相冲为背靠（丑未相冲）。

打靠时还要想前脚（实脚）空一下，前脚为实脚不能空。只要一想提膝走路就够了。脚下想踩空或想脚踏祥云靠劲自生，如"天马行空"勇往直前。此式有很好的健身作用。王培生老师曾作"巽桩养生歌"一首，道尽此法的奥妙和健身作用：

> 脚踏祥云身自玄，玄妙之门身自寻。
>
> 寻之至身颜为笑，笑颜常开身自安。

为了便于记忆，根据靠劲的内涵与外延，我编了这样一首歌诀：

> 以肩打靠想足空，实脚难空想前行。
>
> 踩云踏雪辰戌冲，靠劲自强还养生。

意思是说，以肩打靠时除要注意肩胯之外，在意念上还要特别注意两脚踩空离开地面，或想脚踏祥云，或想踏雪无痕，或想登萍渡水，或想脚底生风，这些想法、意念都可以——只要这么一想，不但靠劲很大，还能起到养生保健之作用。

第五节　挒

在八卦中，其卦为离（☲）。离中虚，表示发挒劲时下要沉稳，上要中正，中要虚灵。方位正南，五行属火，人体对应窍位是玄关穴（两眉间向内，与囟门穴垂直的交叉点）。火有吞毁之力，能化万物。人的两眼和两眉形如一个倒写的"火"字，意想此穴，将对方掤劲引到眼前，转身沿眉一画，可如火燃物，顷刻使敌力化为乌有。

挒劲是通过十二地支中的午（玄关）与未（肩井）合产生的。左挒时即以左手指肚沿右眉梢画至右眉攒，再反手以指甲盖从左眉攒画至左

眉梢，掌心斜向左外上方，同时想玄关找左肩井，右脚向右后方撤一大步，左将劲即可生效完成。（图2-5）

反之，右将时即以右手指肚沿左眉梢画至左眉攒，再反手以指甲盖从右眉攒画至右眉梢，掌心斜向右外上方，同时想玄关找右肩井，左脚向左后方撤一大步，右将劲即可生效完成。

为了便于记忆，根据将劲的内涵与外延，我编了这样一首歌诀：

将属火能化万物，

破掤劲食指画眉，

午未合收玄（关）找肩（井），

想前手（心）动步移山。

图2-5

意思是说，使用将劲时要效仿火的特点，遇到对方掤劲，要收祖窍，对对方之掤力要有大火燃吞灰化之气势，收玄（关）转头、找肩井，午未相合，意想前手手心（劳宫穴），随之一撤后步。如此，即使对方力量再大，也会随我而移动前倾。

第六节　按

在八卦中，其卦为兑（☱）。兑上缺，表示胸以上是虚灵的，中下部是沉稳的。方位正西，五行属金，人体对应窍位是膻中穴。意想此穴可如金克木，使对方挤劲落空。按劲是通过地支中的申（虚侧手之劳宫穴）与酉（膻中穴）合产生，再配以相应的手法和身法，对方便会觉如坠深渊。右下按时要意想膻中穴与左手大指相合，右手向下降至与肚脐相平，眼神从右手食指与中指之间的缝隙向下看，意想眼神要入地三尺。（图2-6）

反之，左下按时则要意想膻中穴与右手大指相合，左手向下降至与肚脐相平，眼神从左手食指与中指之间的缝隙向下看，意想眼神要入地三尺。

为了便于记忆，根据按劲的内涵与外延，我编了这样一首歌诀：

图2-6

按属金扶肘沾肩，膻（中）找大指手追眼，申酉相合中旋转，破挤令其入深渊。

意思是说，使用按劲时要效仿以金克木之特点，把对方挤劲视同直木，我欲以斧锯将其劈折或截断。其方法是一手扶其打挤之肘，一手沾其肩，想膻中穴与前手心或大指相合，眼神向下看，如同凭栏楼下瞧，手追眼神，胸肩要虚活，重心要稳，腰胯要随视线旋转，如此，就可把对方的挤劲引入"深渊"。

第七节　採

在八卦中，其卦为乾（☰）。乾三连，表示上、中、下三田一线。方位为西北，为隅，五行属金，人体对应窍位是性宫穴和肺俞穴。意想此穴，可如金削木，使对方直进之肘势偏斜落空。採劲是通过地支中戌（虚侧胯之环跳穴）与亥（虚侧脚之涌泉穴）相合而产生。如以右臂採对方之

图 2-7

左肘，则立右肘使大指对鼻尖，左手腕背部置于右肘下方，五指上翘紧贴右肘外侧，掌心向外，眼神顺中指与食指缝隙向下看，意想入地三尺；随即上体左转玄关找左肩井，意想虚侧胯（右胯）之环跳穴（戌）与虚侧脚（右脚）之涌泉穴（亥）相合，即戌与亥合。（图 2-7）

如以左臂採对方之右肘，则立左肘使大指对鼻尖，右手腕背部置于左肘下方，五指上翘紧贴左肘外侧，掌心向外，眼神顺中指与食指缝隙向下看，意想入地三尺；随即上体右转玄关找右肩井，意想虚侧胯（左胯）之环跳穴（戌）与虚侧脚（左脚）之涌泉穴（亥）相合，也是戌与亥合。

为了便于记忆，根据採劲的内涵与外延，我编了这样一首歌诀：

採属乾卦象三连，体内三田垂一线，

戌与亥合破肘打，垂肘大指对鼻尖。

意思是说，乾卦在自身的表现是上、中、下三田连成一条线——上丹田位于两眉之间的玄关穴向里，头顶囟门穴垂直往下，两者交叉的90°角处；中丹田在肚脐往里，命门往前的3/10处；下丹田在二便之间的会阴穴——这三者之间连成一线，就形成了一个无形的立轴，对方的肘向我进攻时，我侧身垂肘，大指对鼻尖，以三田连线为轴，左右旋转看肩井，就可轻易使对方进攻之肘落空而倾跌。

第八节　捌

在八卦中，其卦为坤（☷）。坤六段，方位为西南，为隅。五行属土，人体对应窍位是丹田穴。此穴属于脾经，八法中此穴主捌劲。坤六段的卦象，在人体是指两眼、两肾和两睾丸。

两眼的开合管两手、两足之松紧、刚柔。当意想两眼球内合，看两大眼角，即向上丹田靠拢时，两手、两足自然是松软无力的；当意想两眼球外展，看两小眼角，即离开上丹田时，两手两足自然是膨胀有力的。

两肾的开合管两肘、两膝之松紧、刚柔。当意想两肾内合向中丹田靠拢时，两肘、两膝自然是松软无力；意想两肾外展离开中丹田时，两肘、两膝自然是膨胀有力。

两睾丸的开合管两肩、两胯之松紧、刚柔。当意想两睾丸内合向下丹田靠拢时，两肩、两胯自然是松软无力；意想两睾丸外展离开下丹田时，两肩、两胯自然是膨胀有力。

肩、肘、腕、胯、膝、足六大关节（即人体坤卦之象），练得开合自如，捌劲才能便利从心。

捌法中有上捌、下捌、横捌、腾挪捌之分。

上捌

右上捌。右手前伸，外旋使掌心向上，左手掌心向下置于右肘内侧。随即右脚前伸足跟虚着地面，左腿屈膝下坐；随即左足蹬力，右膝前弓成右弓步。同时，右掌变拳向前上方冲击，左手亦同时握拳向左后方悠摆助力置于左胯后，地支中为申——寅、申相冲即为上捌。（图2-8）

左式与右上捋姿势相同，惟方向相反。

上捋的劲源或着意点在中丹田。如在右足前迈时，先要想两肾向内合于肚脐，肘、膝自会相合，内收产生蓄劲。发劲上捋时，先想两肾外展，向后离开肚脐去找命门，左膝、右肘自然产生一种相冲之力，下传于左足，上传于右手，产生下蹬、上提之捋劲。

图 2 - 8

下捋

右下捋是重心在右腿，左足前迈，意想右手心往左足心上按（先合一下），随即左足后撤，右掌前伸，地支中为巳（实侧右手心）与亥（虚侧左涌泉）相冲。（图 2 - 9）

左下捋姿势相同，惟方向相反。

下捋之劲源或着意点在上丹田即两眼的开合。如在左足前迈、右手上举时，先要想两眼球向外看两小眼角，这时右手（巳）与左足（亥）相冲。随即两眼球向大眼角靠拢，右手顺势向左脚上虚合一下，

图 2 - 9

随即再想两眼球外展离开大眼角，看两小眼角，左足后撤、右手前伸——如此则下捋之劲自然产生。

横捋

横捋是卯（夹脊穴，即身柱穴）、酉（膻中穴）相冲。

如左手向左横捋：以左手心向外握拳，右手心斜向上，意想膻中穴

（酉）向左，右肩找左胯，身柱穴（卯）向右。（图2-10）

右式姿势与此相同，惟方向相反。

又如右臂向右斜上方捯：右臂欲想向右斜上方弧形横捯，则右臂外旋向右上方旋举，手心朝上。（图2-11）

左式姿势与此相同，惟方向相反。

图2-10   图2-11

腾挪捯

腾挪捯在地支中为子（命门穴）午（祖窍穴）相冲（上下拉拔）。

其劲源或着意点在下丹田。即在蓄劲时，先要想两睾丸松垂合于下丹田（会阴穴），如此则肩胯自然松软无力。随之右膝前弓，同时两手像打气一样向右腿两侧下按。再想两睾丸上提离开会阴穴而小腹自收，子（命门穴）午（祖窍穴）亦会自然产生一种相冲之捯劲。同时右膝上提。随即右膝自提向左摆动，两手随之向右摆动，左肩同时找右胯。此为右腾挪捯。（图2-12）

左式姿势与此相同，惟方向相反。

为了便于记忆，根据捯劲的内涵与外延，我编了这样一首歌诀：

图 2－12

挒属坤卦象六段，

寅申相冲上挒成。

子午相冲腾挪挒，

巳亥相冲下挒精。

其意思是说，打挒劲时身形或肢体要上下或左右相关穴位向相反的方向用力，主要意念要放在蹬后脚上。

第三章　八法与化、引、拿、发

　　太极拳基本八法掤、捋、挤、按、采、挒、肘、靠都是按照化、引、拿、发四个字设定的。也就是说，化、引、拿、发四字，乃是先师们设计八法时的出发点和落脚点。我们常说，要学以致用，学太极拳也不例外。所以，我们要十分重视八法与化、引、拿、发的关系。这才是学习八法的终极目的。

　　我的师兄张耀忠先生生前曾根据王培生老师关于八法与化、引、拿、发的讲课录音，整理过一篇文字，使王培生老师关于这一问题的精彩论述得以流传下来。

　　　　化、引、拿、发四个字，讲的就是太极拳中的四个劲，即化劲、引劲、拿劲、发劲。过去人们通常只讲引、拿、发三字，强调要把对方发出去，必须有引、拿，如此才能发。但是在引、拿、发之前还必须有个"化"。若对方进击，你不化开，没有破了对方的攻击力量，那你就会失败，也就谈不上后面三个字了。所以，每一个劲之前，必须有一个化。化的方法有所不同，掤劲化的一般是对方的按劲，即对方下压力很大，所以要用掤劲，但如果你开始就想着接触点，这就犯了双重之病。拳谱上说得很清楚："每见数年纯功不能运化者，率皆自为人制。"就是说练了好多年太极拳了，但与人交手总不能取胜。下面又说："双重之病未悟耳。"你没有明白双重的毛病，这"化"字就不行了。怎样才算双重呢？就是对方按你时有个接触点，只要你一想到在这个点上对方施加了压力，这就算双重，有时两手用力或两脚用力与对方对抗，也算双重。双重都有其位置、时间和方向。现往细说，就是思想意识，如与对方相对而行，你躲他，他也躲你，躲了半天还是躲不开，这就是双重。太极拳里不能有这种现象，否则，前面所讲的四个字就做不到了。首先要把双重之病弄懂，懂了之后你才能向下进行。

当对方由上而下压来时，我们不去想那个接触点，而是把意念一个点放在脚心上，只想脚掌、脚心着地，这样对方来的力便会化解了，他再动也没有什么感觉了。试验一下，你就往我身上推或往下按；我呢，你这手往前方来力时我一点也不抵抗，想都不想——我稍微一想就僵了，你再这一按，我站都站不住；如果加力抵抗就力大者胜了。这力怎么来化？——把这接触点忘掉，不管它。我就脚跟着地想脚心，你再按，想脚心，脚掌起……这点叫化。拿的时候我再想鼻尖跟脚大趾一去，这时候叫引。又触动一下，拿的时候左脚心与右脚心一空就行，发的时候右手心凸出、左脚心凸出，就发出去了。拿起来以后再发，就好发了。拿不起来，发不出去。必须把这劲掌握好，须多做多练。在引的时候，拿鼻尖往脚大趾上去，给他触动一下，这点是柔中刚，你说有劲又没劲，说没劲又有劲，沾连粘随就在这里面。就这么一去，这里面好像有弹簧似的，触动一下，然后再一空，人就起来了，拿严了。放的时候，不要惦记推他，推他还是双重。想哪呢？想命门往胯上落就行了，前手心凸出，后脚心凸出，重心往下移，前头、后头对称，这是一个平衡。自己本身采取一个平衡，对方就不平衡了。你里面的气平衡舒展了，对方就不舒服了。刚刚开始的时候，你挺舒服，他一按你再发力，我再一顶，他还舒服，这时我就难受了，他再把气呼出来，就到我腰上了，就站不住了。如果我就大大咧咧这么呆着，他一伸手我就迎，这就不行了。他在上面进攻，你把意放在底下，如调虎离山之计，或者他进攻你大本营，你抄他大本营的后路。你由上头进，我从底下进，你再进就起来了。你要回去，我把底下收，追上头就追到身上了，把你的力变成直力，我变成暗，拇指跟膻中平，只要对方一伸手，盯住还回去，就是一个方向。这里结合力学的道理，操纵是心理学，就是思想意识变化。在这地方要有听劲，侦察对方来的力，看他力的方向，是直力还是斜上力？如果是斜上力，用挒，你由下往上打，你看我这挒，这个劲。

上头讲的是掤，再讲一个打肘用"採"破。对方用进步顶肘，我用採破肘。练习的方法：两人对立，正面站好，甲方进肘，乙方给他一个点，点就是靶子。这种做靶子的练习在原来的教学方法中也有，等招、接招、还招、喂招，做靶子就等于喂招。喂招时，我如果让你进右脚，我把左脚前伸，就是伸到你裆口。对方打肘，要脚踏中门，中门就是在对方两脚之中，一插裆，也就是插裆步。插裆插多少，要注意，如果离得远，就使垫步到位置，即把右脚跟贴到对方的左脚跟，最起码得到这位置，多一点更好，不到位置不行。做靶子不要害怕，这也是锻炼胆量，眼神盯住，两人要先练习好。就是我不化，避免真顶上，以防伤着内脏，你也有一个分寸，就是脚跟到位置就行了，不要发劲。发劲时头顶天，脚踩入地，一想无限远，这人就出去了，肘劲就出来了。如果没有这个意念，打上也不碍事。这对乙方是锻炼胆量，来势很凶，但顶不着，就像戏剧武打似的。乙方不能害怕，也不要眨眼，一害怕全身都散，要顶上还好不了，这种劲容易打透。

对方进肘时，乙方撤步为动作一。二是膝盖尖跟脚尖垂直，肘跟中指垂直。再想拿的时候，用膝盖尖找脚腕，同时手就起来了。然后再往后一合，就是一个前採——后採一个劲——把他整个提起来。当他脚后跟与我脚后跟粘上，我把左手往前伸，右脚往后撤，就留个裆口。你蓄力打，我把膝盖尖与脚尖一垂直。你发力时拿手心找肩井（别变，直的）；我的手往内劳宫去，跟对方的外劳宫相贴，这是阴阳合。合了以后，使自己的合谷穴找自己的外曲池。破的时候，怎么破？你刚感觉腰这儿难受，就想松左肩坠左肘，左手指尖一贴曲池，顶劲马上就过来了。你想手心往我这儿找，但你感觉腰难受。这时你把肩放松，肘下沉，手往前走，这会儿你还是顶朝天脚入地，我如果往后一招你就头朝下了。採，就是大指跟鼻尖必须要平。捌时手按地，脚踏地，拔地腾空而起，叫腾挪。必须把步子选准了，按的时候是腾，腾起来，直接起，然后入的时候由里边入，还放到原地，要迎着他的大腿10厘米（一个拳头大），还往原处落，落近了不行，落远了也不行。再加上手一个圈，将人打出去很远，这叫顺手。步子连手是这样，肘还挡着你，然后再一个圈，一个平圆圈，打螺旋的。我再想命门和胯，往上端，这是捌，横竖劲同时用，都是意念。什么时候才撤步？注意听着对方的脚后跟，与自己的脚后跟贴上再撤，不要早了。如对方还没有进，你刚一撤他也顶上了，这就是时间火候的掌握。脚后跟与脚后跟一贴，就差一拳，对方还往里冲，又一拳，对方在续劲的时候，你这里拍，拿虎口从上边找曲池，然后撤回来找少海，这是合谷和曲池合，跟少海合。这会儿拔脚起来，连扒劲带起，再入，再圈，然后接着就挤，顶肘，肩打靠。

甲方用肘进攻，自己用採破肘。这个研究熟了之后，再反复地练，捌进将化，然后挤进攻，按破挤，肘进攻用採。

在打挤时一定要合辙，就好比桌子的榫一样严实，翘一点也不行，要拿准拿稳。拿准是指什么呢？就是要入榫。入榫是什么呢？好比遇见一个不会拳的，他架子是散的。遇到这样的人得把他拿准了，你拿不准拿不稳，他心里不服你。你拿得严丝合缝，好比抓一个东西，就跟着走，这时候想往哪儿发就往哪儿发，发劲要的是这种劲。

今天讲的是一个概念，读者可按着这个去做每一个劲。那引劲很重要，你不能把对方的重心引起来，你就拿不准。他站得很稳，你不能起来就走，他不听你的话，他恓恓着劲呢。他听你的话好拿，你稍微拿鼻子往这里一去，一拥他，就这么一下又回来了。就跟打篮球的欺骗动作一样，那球还没有出手就又回来了。跟艺术体操表演似的，一扔圈又滚回来了。鼻子往大趾上一盯又回来，他就起来了。这种劲叫作"沾"，也是引，再细讲是沾连粘随，引进落空，舍己从人，里头都是阴不离阳，阳不离阴，刚柔相济。拳谱上说的要懂劲，须知阴阳。阴阳的配合，讲究时间，还有方向。时间就是火候，什么时间他配合？有时不是看一刚一柔正往这儿走，这会儿就拿你拿不着，非得它这个阴阳相合。练成什么样子呢？就像是一个完整的苹果，用刀子一切，让它出一个纹。这个纹是什么？这叫"中极"，苹果两半谓之"弦"，中极之弦亦阴亦阳，非阴非阳。苹果一半为阴，一半为阳，左为阴，则右为阳。这一阴阳可以变化，也可以变动，也可以变静。刚才我说得最巧妙的一点，就是做得准，不能离得太远。分开了半天你再对，不容易，就是刚有纹，你一合还是整的，合起来就是太极，叫"静之则合，动之则分"。拳谱上说的这两句话就指这个意思。

动之则分，分什么？就是分阴阳。静之则合，它又还原了。这趟太极拳练的就是分阴阳，合阴阳，合完了分，分完了合，处处来回这么转。一个主动，一个被动。动之动，恒动。静之静为静，动之动为动，什么叫静？什么叫动？动之动，主动的为动，相对的也为动。就像行进中的仪仗队中有一个排头兵，他怎么拐弯，后边一点儿也不管，只管跟着走，排头兵听指挥官的口令，一迷糊就把队全给带散了。把太极之理弄懂了以后就一通百通，一看便知。它有一个主辅、宾主，要把它结合起来。刚才讲的都是围绕太极之理，还是动静相间，阴阳相合，这么配合起来才行。

第四章 八法单操与按窍运身

如上所说，八法在技击上的意义非常重要，它是实现化、引、拿、发克敌制胜的重要手段。没有它，太极拳就不成其为拳，不成其为中华武术，而只能称之为健身操。从这个意义上说，有志于学习和传承吴式太极拳的人，一定要把八法学好、练好，把它世世代代传承下去。此外，八法在建身方面的作用也十分明显。为了便于朋友们了解每一法的具体健身作用，我参照王培生老师所传八法的收式动作和按窍运身的要求，在深入学习中医理论和方法的基础上，对每一式收式的内涵与外延都做了增补，给每个收式动作创编了两句归穴功效歌，对王培生老师生前教学或著述中没有明示的地方尽量予以揭示。

掤：揉抱阳陵润经筋，上托环跳缓衰老。（图4-1、图4-2）

挤：极展双臂舒筋脉，力纳三清透顶门。（图4-3、图4-4）

肘：意揉三里合脏腑，前推肾府壮本元。（图4-5、图4-6）

靠：潜水摸鱼活腰胯，神现芙蓉焕春颜。（图4-7、图4-8）

捋：揉按肩井升阳气，意透涌泉滋肾阴。（图4-9、图4-10）

按：穿点极泉和心血，单臂旋举调脾胃。（图4-11、图4-12）

採：滚揉大包推章门，通经活络疏肝胆。（图4-13、图4-14）

捌：拳打气冲壮元气，橐籥振奋补精髓。（图4-15、图4-16）

图 4 - 1

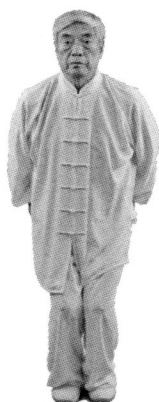

图 4 - 2

图 4 - 3

图 4 - 4

图 4 – 5

图 4 – 6

图 4 – 7

图 4 – 8

图 4 – 9

图 4 – 10

图 4 – 11

图 4 – 12

图 4 – 13

图 4 – 14

图 4 – 15

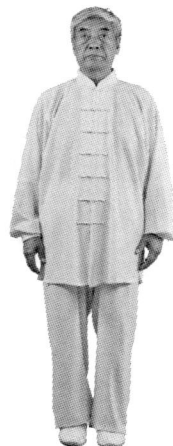

图 4 – 16

第五章　八法练习中的人体穴位

在前面我们逐一介绍八法时，曾涉及许多具体的穴位，认识这些穴位，对于我们学习和掌握八法至关重要；而重视穴位的作用，也是吴式太极拳区别于其他门派太极拳的一个突出的特点。现将这些穴位所属的经脉、位置、治疗作用、技击功效等依次列出并注释如下。

第一节　掤劲练法及收式中涉及的穴位

掤劲穴位
与技击

掤劲练法中涉及的穴位

● 肩井

位置

肩上陷中，当大椎穴与肩峰连线之中点。取穴时可屈臂以手搭对侧肩上，中指所对之处即是。（图5-1）

所属经脉

足少阳胆经。

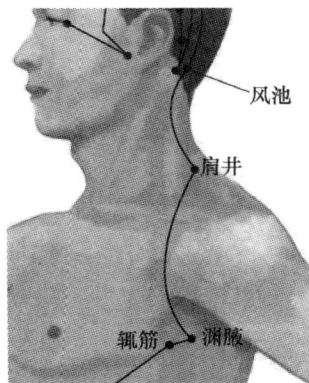

图 5 - 1

释名

穴在肩上凹陷处，故名"肩井"。古有井田之法，"井开四道，而分八宅"，即四通八达也。古日中为市，交易者汇聚于井，故后人称通衢为市。本经通过肩部与诸阳经交会，其所治症，较为复杂，有如各病之集市，故名"肩井"。

功能

通经活络，散风，止痛，疏风开胸，降逆平冲。

主治

肩背痛、颈项痛、落枕、感冒、耳鸣、耳聋、呕吐、举臂困难、乳痛、中风、瘰疬、难产等。

技击意义

想此穴能自然沉气、虚腋，攻防时能助八法各劲充分发挥威力。如对方以双手向我胸部扑来，我意想肩井穴即可把对方劲力化开。同时，松腰坐胯，以双掌反扑对方胸部；或松腰坐胯向左或向右旋转，即可出奇制胜，令对方向后仰跌或向左右倾倒。（图5-2~图5-4）

图5-2

图 5 - 3 　　　　　　　　　　　　图 5 - 4

- 曲池

位置

屈肘，成直角，当横纹端与肱骨外上髁中间之凹陷处。（图 5 - 5）

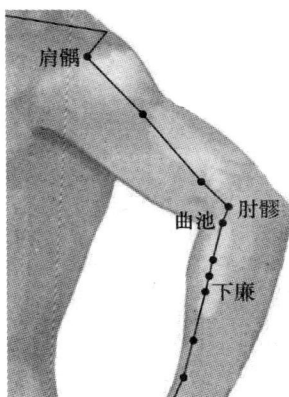

图 5 - 5

释名

曲，弯曲。池，水之停聚处。必须屈肘取穴，凹陷方显，故名"曲池"。

所属经脉

手阳明大肠经。

功能

祛风解表，清热利湿，调和营血。

主治

高热、半身不遂、风疹、上肢麻痹、中风偏瘫、手臂肿痛无力、咽喉肿痛、牙痛、目赤痛、过敏、腹痛、吐泻、高血压、癫狂等。

技击意义

太极拳的练与用，各流派都强调沉肩坠肘。但吴式太极拳要求的沉肩坠肘不是外形上的沉肩坠肘，因为外形上的沉肩坠肘会形成肩肘关节韧带的僵滞，影响气血的流畅运行。吴式太极拳提出的沉肩不想沉肩，是想肩井穴；坠肘不想坠肘，而是想曲池穴找少海穴，这样做就完全避免了上述的弊病。练掤劲起手想肩井穴手自上抬，轻松自如；手臂外旋时一想曲池穴找少海穴，手心会自动翻转向上，会使对方感到虚无缥缈，没有依托，心生躁气。如在推手或技击时，对方从内侧向外推我之肘臂，我无须用力抵抗或躲闪，只是意想曲池穴找少海穴，即可令对方之力落空旋倾跌出。（图 5 - 6、图 5 - 7）

图 5 - 6　　　　　　　　　　图 5 - 7

附注

此穴为手阳明大肠经之合穴。合穴为经气充盛，深入而汇于脏腑之穴，如百川之归海，故曰"合"。人体十二经脉，各有一合穴。

● 少海

位置

肘内侧横纹头陷中。（图5－8）

所属经脉

手少阴心经。

释名

一曰：少，为手少阴心经。海，为百川皆归之处。此为手少阴心经之合穴，故名"少海穴"。二曰：本穴治多经之疾病，如表里、虚实、寒热以及七情志意等病，皆可以此穴治之，有如众症来归之地，故名"少海"。

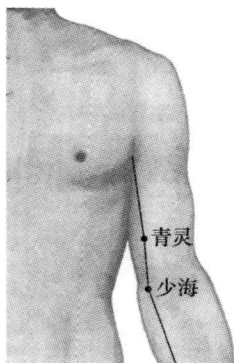

图5－8

功能

通经活络。

主治

少海归属手心经，调和心血疗多病。心疼手颤健忘症，肩臂麻酸伸举痛。肘节疼痛难伸屈，腋瘰胁痛羊角风。

附注

此穴为合穴。

技击意义

双方推手或技击时，如对方按、击我之肘臂，我意想少海穴找曲池穴，即可令对方落空旋出。（图5－9、图5－10）

图 5 - 9

图 5 - 10

● 命门

位置

后腰部与前面肚脐相对之处，当第二腰椎棘突下凹陷中。（图 5 - 11）

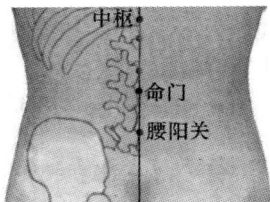

图 5 - 11

所属经脉

督脉。

释名

中医称两肾之间为生命之门，简称命门。本穴恰在两肾俞之中。

功能

兴阳益气，宁心安神，补肾固本，强壮腰肾。

主治

遗精、阳痿、失眠、带下、遗尿、泄泻、脱肛、后头痛、视物不清、脐腹疼痛、腰脊强痛、角弓反张、下肢麻痹、手足逆冷等。

技击意义

命门穴与环跳穴上下相合可使重心完全垂直到一条腿上，进攻防御，身如立轴，可中正安舒，圆转自如，不易失利；进攻想命门穴身如开弓劲圆力大。如对方推、击我之胸部，我意想命门穴后移，同时出手反击，对方会受内伤或向后倾倒；命门穴与环跳穴合可产生向上向外的掤劲。（图 5 - 12、图 5 - 13）

图 5 - 12

图 5 - 13

● 环跳

位置

股骨大转子高点与骶管裂孔连线之外 1/3 与内 2/3 交界处。（图 5 - 14）

所属经脉

足少阳胆经。

释名

每见人跳跃时，必先蹲身，屈其膝胯，本穴即在其所形成的半环形之凹陷中，故名"环跳"。穴在髋骨窝中，取穴时侧卧屈膝，足跟抵近之处即是。

功能

通经活络，祛风散寒，健利腰腿。

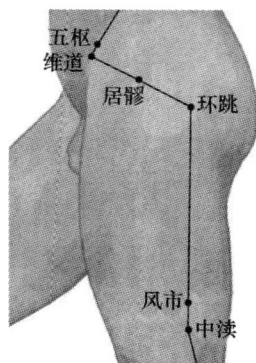

图 5 - 14

主治

腰胯疼痛、半身不遂、下肢萎痹、遍身风疹、闪腰差气、膝踝肿痛。

技击意义

环跳穴与命门穴上下相合，可使重心完全垂直到一条腿上，进攻防御，身如立轴，可中正安舒，圆转自如，不易失利。髋关节是人体的大关节，进退、化打威力极大。比如在推手或技击中，对方之腿胯贴近我之右胯时，我意想左胯之环跳穴，即可把对方击出，反之亦然。（图5－15、图5－16）

图 5－15　　　　　　　　　　　图 5－16

掤劲收式中涉及的穴位

● 阳陵泉

位置

小腿外侧腓骨小头前下方凹陷中。

（图5－17）

所属经脉

足少阳胆经。

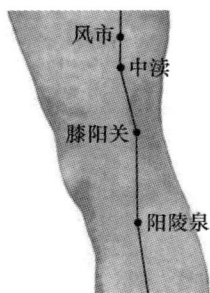

图 5－17

释名

阳陵，指人体外侧局部之隆起处。泉，水从窟穴而出。此穴靠近膝关节外侧隆起处的凹陷中，故名为阳陵泉。

功能

通经活络，舒肝利胆，清泄湿热，可内合脏腑，外润经筋。

主治

膝关节痛、坐骨神经痛、下肢麻木、偏瘫、胸胁痛、胆囊炎、黄疸、口苦、呕吐、水肿腹坚、小便不利、脚气、小儿惊风等。

技击意义

运动或技击时意想此穴，可周身轻灵，劲力充足，弹性大，精神振奋。在推手或技击时如对方左足前进，其腿膝贴近我之右膝外侧，我意想右腿之血海穴找阳陵泉，对方膝关节就会因受击而倒地。（图 5－18、图 5－19）

图 5－18

图 5－19

如果对方将左腿进到我右膝内侧，我只需意想阳陵泉找血海穴，即可侦对方膝关节受伤或跪地。（图略）

附注

此穴为合穴。

● 环跳（同前）

第二节　挤劲练法及收式中涉及的穴位

挤劲练法中涉及的穴位

● 夹脊

针灸学中所说的夹脊，亦称华佗夹脊，是指腰背部第一胸椎至第五腰椎棘突下两侧中线旁开一指宽处的一组穴位，一侧 17 穴，左右两侧共 34 穴，属于经外奇穴。夹脊治疗范围较广，不同的部位治疗不同的疾病。上背部的穴位治疗心肺、上肢疾病；下背部的穴位治疗胃肠疾病；腰部的穴位治疗腰、腹及下肢疾病。这里所说的夹脊是指两肩胛骨之间的部位，所涉及的穴位也有多个。王培生老师说："夹脊是指两肩胛骨之间一巴掌处。"没有确定具体穴位，经过反复研究试验，我认为如果精确到一个穴位的话，就是身柱穴。

● 身柱

位置

后正中线第三胸椎棘突下凹陷中，约与两侧肩胛骨冈高点相平。（图 5 – 20）

所属经脉

督脉。

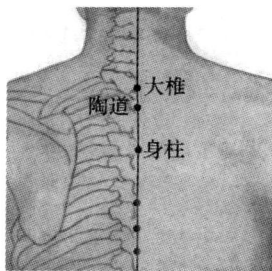

图 5 – 20

释名

身，指全身；柱，乃梁柱。此穴处为全身支柱之意，亦为督脉之要穴，若因脑力不足而眩晕；因中气不足而喘息；因心神衰弱而癫痫；因大气下降而脱肛，针此穴升举阳气，皆可治愈。

功能

兴奋正气。

主治

身热、头痛、眩晕、气喘、咳嗽、癫痫、脊背强痛等。

技击意义

《医经理解》云，此穴"言骨柱于上，横接两膊，为一身之柱干"。想此穴与前脚（负重脚）足底的涌泉穴相合即形成一个上下前后阴阳环接的圆轮，对对方具有极大的挤撞碾压之力。经常按此意念、技法反复练习，功夫上身，搭手即可使对方感到如车撞、似雷击的强大冲击力。如对方以右手向右将我之右腕，我顺势一松，意想身柱穴向前脚上一落，同时以两手相助，对方便会因受到撞击而坐地或向后倾倒。（图 5 - 21、图 5 - 22）

图 5 - 21

图 5 - 22

附注

在王培生先生所传八法中，与挤劲相对应的是夹脊穴而非身柱穴。但王先生所说之夹脊穴并非针灸学中所说之夹脊穴，而是指"两肩胛骨之间一巴掌处"，范围比较大，并非指哪个具体穴位。如前文所述，经笔者反复研究体验，认为这里的"夹脊"应是身柱穴。

● 涌泉

位置

足底（去趾）前1/3，屈趾跖时之凹陷处。（图5-23）

释名

涌，涌出，上涌；泉，水从窟穴而出，经气如泉水之上涌。故名涌泉。《灵枢·本输篇》："肾，出于'涌泉'。涌泉者，足心也。"

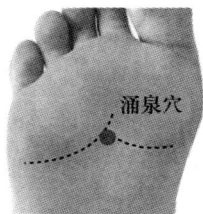

涌泉穴

图5-23

所属经脉

足少阴肾经。

功能

通经活络，滋阴降火，养肝熄风，开窍宁神。

主治

头疼、头晕、失眠、高血压、小便不利、便秘、小儿惊风、足心热、癫症、昏厥、中风、中暑、下肢瘫痪等，乃人体九个回阳穴之一（哑门劳宫三阴交，涌泉太溪中腕接。环跳三里并合谷，此是回阳九针穴）。

技击意义

太极拳讲其根在脚发于腿，主宰于腰，形于手指。演练和技击都是要把主要意念放在脚下，如此才能做到发力沉稳，打击力圆整。与对方交手意想涌泉穴，配合各种手势可产生不同方向的捌劲，冲力巨大。

附注

此穴为井穴。"井"为经气所出之源头，故名之为井。人体十二经脉各有一个井穴，均位于手指、足趾末端浅表处。这些穴位，都是针感最强烈的地方，常用于治疗各种急症，如中风不语、神志昏迷等。它们是：手太阴肺经的少商，手阳明大肠经的商阳；手厥阴心包经的中冲，手少阳三焦经的关冲；手少阴心经的少冲，手太阳小肠经的少泽；足太阴脾经的隐白，足阳明胃经的厉兑；足厥阴肝经的大敦穴，足少阳胆经的足窍阴，足少阴肾经的涌泉穴；和足太阳膀胱经的至阴穴。

挤劲收式中涉及的穴位

- 三清

"三清"不是一个穴位，而是丹家所说的上、中、下三丹田。上丹田即玉清泥丸宫，为脑（神气）；中丹田即上清绛宫，为心（心气）；下丹田即太清气海，为精（精气）。神气、心气、精气，统称为内气。而在人体外的天、地、人三才的清气，统称为外气。

"力纳三清"的意思是，在做完挤劲后，做收式时通过两臂极力向前、向两侧、向上伸展把全身关节、韧带拉开，脚后跟要随着离开地面，把周身经脉全部舒展开，眼向远看，耳向后听，全身之汗毛孔全部张开，达到三融（头融天、脚融地、胸融空）虚空的境界。要随着两臂伸展的同时，以鼻孔用力做静、绵、深、长的深吸气，以意念将天、地、人三界的清气（外气）缓慢地吸入肺腑，吸足后闭息片刻，意想与体内三田之内气融合为一体；随即意想松脚腕、松膝盖、松胯、松腰、松肩、松肘、松手。意念到松手时，两手之劳宫穴和周身之毛孔随着身体之下松下坠（肩往腰上坠，腰往胯上坠，胯往膝上坠，膝往脚上坠），将胸中之气注于丹田。然后随肢体直立复原，将体内的浊气通过口悠、缓、细、匀的呼气和周身毛孔将体内长期淤积的浊气、病气排出体外。

功能

舒展筋骨，扩大肺活量，通经活络，行气化瘀，增强气魄，内外沟通。

主治

元气不足，心肾不交引起的全身乏力、精神萎靡、咳嗽胸闷、筋骨拘紧、失眠健忘等症。

技击意义

遇敌交手，神充气壮，会有一种气吞山河，无我无他的气魄，这是克敌制胜最重要的条件。

● 百会

位置

头顶两耳尖连线中点。（图5－24）

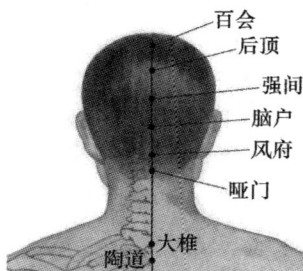

图 5－24

所属经脉

督脉。

释名

百，百脉，百骸；会，朝会。穴居一身之最高，百脉、百骸皆仰望朝会，如天之北斗星也。穴在人体至高正中之处，为手足三阳与督脉之会。脑为一身之宗，百神之会，故名"百会"。

功能

解热开窍，升阳固脱，平肝熄风，镇静宁神。

主治

头疼、眩晕、耳鸣、鼻塞、晕厥、中风、昏迷、惊悸、癫狂、高血压、子宫脱垂、脱肛、阴挺、神经衰弱、健忘、血崩等。

技击意义

技击时想百会穴如车轮前行，可有效破坏对方重心，使对方向后仰跌。若以头部击打对方时想百会穴则威力巨大。（图5－25）

图5－25

第三节　肘劲练法及收式中涉及的穴位

肘劲练法中涉及的穴位

● 劳宫

位置

手掌中央，握拳后无名指、中指指端缝隙间。（图5－26）

所属经脉

手厥阴心包经。

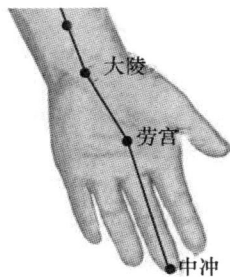

图5－26

释名

劳，即劳作；宫，王者所居。穴在掌中，即是司劳之处，又是高贵之地，足见此穴之重要。

功能

养阴安神。

主治

心烦、胁痛、癫狂、口疮、口臭、便血、尿血、呕吐、手心发热、鹅掌风、手颤、中风、悲笑、热病等。

技击意义

阳掌（手背）击打时想劳宫穴，以阴助阳生合力；以肘击人时用劳宫穴找肩井穴，不但可增加力量，在遇到对方推按我之手背化力时还可以避免肘关节的损伤。（图5－27）

意想劳宫穴与涌泉穴相冲可产生上捌劲。

图5－27

● 肩井（同前）

肘劲收式中涉及的穴位

- 足三里

位置

膝眼下三寸，外臁一寸中。（图5-28）

所属经脉

足阳明胃经。

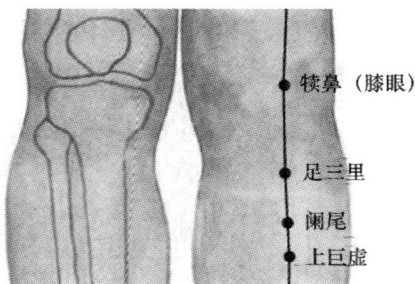

图5-28

功能

调理脾胃，补养气血，止痛镇静，调气和血。

主治

胃痛、腹痛、腹泻等消化系统疾病及高血压、贫血、下肢瘫痪、膝关节疾病、癫痫、神经衰弱等。为人体强壮要穴。

技击意义

技击时想此穴可腹心松静，防止心浮气躁，两小腿轻灵有力。

- 肾府

"肾府"并不是一个具体的穴位，而是泛指肾和整个腰部。肾主水、主耳、主骨、纳气、藏精、生髓、主技巧、主生殖、合膀胱、藏智慧，推揉肾府可强身健体、防老抗衰的功效极为全面。

功能

强腰壮肾，固精盈髓。

主治

腰腿酸软无力、阳痿早泄、健忘失眠、精神不振。

技击意义

经常推揉肾府，可使腰腿强健、灵活，精神气力充足；技击时可灵活多变，不滞不呆。

第四节　靠劲练法中涉及的穴位

- 环跳（同前）
- 肩井（同前）

附注

靠劲收式中只有意想的部位（腰、胯），而没有具体的穴位。当对方从背后按我肩部时，我只松胯转腰，即可把对方旋出。（图5-29）

图 5 – 29

第五节　掤劲练法及收式中涉及的穴位

掤劲练法中涉及的穴位

● 玄关

"玄关"并非是针灸学上的穴位，而是古代丹象之所谓"窍"。玄关的异名甚多，如祖窍、空中、真土、把柄、黄庭、黄中、无极、这个、黄婆、中土、净土、神室、玄牝、玄窍等，不一而足。其具体位置，亦有不同说法。我们这里所说的玄关，在印堂穴垂直向内，与囟门穴直下的交点之处。而印堂穴在两眉间之正中点。（图5-30）

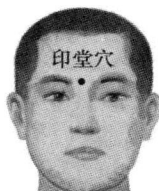

印堂穴

图 5 – 30

释名

此喻官印所在之地，为最高权力机关，位于人身天地之正中处，乃藏原始祖炁之窍。《乐育堂·语录·卷二》："人能一心静定，摒除幻妄，回光返照于印堂鼻窍，自然渐渐凝定，从气海而上至泥丸，旋复降至中田，何莫非此胎息为之哉？"

功能

疏风定痛，清热醒神。

主治

头疼、眩晕、鼻衄、鼻渊、失眠、小儿惊风等症。

技击攻效

技击时想此穴之左右、上下运动，可有效掌控身体的重心，左右上

下旋转均可化打合一。（图5-31）

- 肩井（同前）

捋劲收式中涉及的穴位

- 肩井（同前）
- 涌泉（同前）

图 5-31

第六节　按劲练法及收式中涉及的穴位

按劲穴位
与技击

按劲练法中涉及的穴位

- 膻中

位置

两乳头连线之正中点。（图5-32）

释名

《灵枢经·胀论》："膻中者，君主
之宫城也。"盖指心包膜部位而言。此
穴内景，正应心包外腔，故名"膻中"。

功能

调气降逆，宽胸利膈。

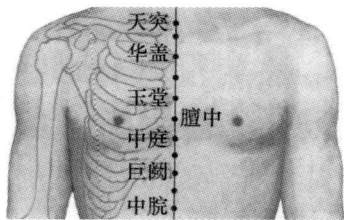

图 5-32

主治

胸闷气憋、胸痛气短、胸胁胀痛、咳嗽痰多、气机不调、肝气冲逆、心痛、乳痛、呕吐、疝气。

技击意义

推手时对方以挤劲向我进攻，我则速以膻中穴找少商穴即可将其挤劲化掉，令其失中前倾。当对方以掌、拳向我之胸部推、击时，我只同时意想膻中穴，即可将其来力化掉；随之回击对方，令其失利。（图5 – 33、图5 – 34）

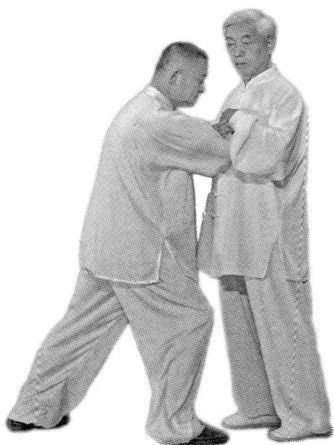

图 5 – 33

图 5 – 34

● 少商

位置

拇指桡侧指甲角后一分处。（图5 – 35）

所属经脉

手太阴肺经。

释名

少者末也。此穴乃手太阴肺经之末穴，交

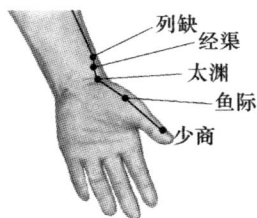

图 5 – 35

传手阳明大肠经之初，出阴经而入阳经。商者在五音为金音，商之气令，虽属肃杀，但其初令，尚含生意，金气之初，尚未全盛，故为"少商"。

功能

润肺止咳。

主治

咳嗽气喘、咽喉肿痛、呼吸衰竭、中风昏迷、中暑呕吐、癫狂、鼻
衄、发热、窒息。

技击意义

如上所述，少商穴与膻中穴相合所产生的按劲可破对方之挤劲。

按劲收式中涉及的穴位

● 极泉

位置

腋窝正中，腋动脉搏动处。（图5-36）

所属经脉

手少阴心经。

释名

此穴所属之手少阴心经于手三阴、三阳六经

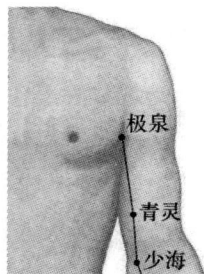

图5-36

最里。心脏亦居胸部之极深。本经之气，承足太
阴脾经循经内行，传交手少阴心经，由此穴透出，犹如出于极深之泉也，
故名"极泉"。

功能

调理脾胃，活血镇痛。

主治

心痛、胸闷、胁肋胀痛、上肢不遂、肩臂疼痛、瘰疬、咽干烦渴、
悲愁不乐等。

技击意义

技击时意想极泉穴，腋虚肩活，周身轻灵无滞点。推手时对方以掌

推我肩时、我意想极泉穴即可将对方弹出。（图 5 - 37）

图 5 - 37

第七节　採劲练法及收式中涉及的穴位

採劲练法中涉及的穴位

- 环跳（同前）
- 涌泉（同前）
- 玄关（同前）
- 肩井（同前）

採劲收式中涉及的穴位

- 大包

位置

腋中线直下第六肋间。（图 5 - 38）

所属经脉

足太阴脾经。

释名

大包穴，为脾之大络。其经气行径，由"周荣"斜抵胁肋，交贯肝、胆、心包各经，又与心、肾、肺、胃四经挨近。十

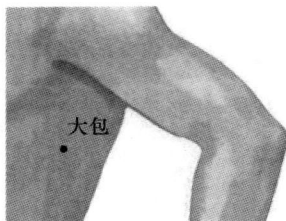

图 5 - 38

二经中独此经与他经挨连广泛。故以脾经为总统十二经络，称其为脾之大络。"大包"为大络之末穴，故名曰"大包"。

功能

通经活络，可"总统阴阳诸络，灌溉五脏"（《类经图翼》）。

主治

胸胁痛、气喘、全身疼痛、四肢无力。

技击意义

经常揉击此穴可使周身轻灵活快，并能提高抗击打能力。

附注

此穴为脾之络穴。"络"乃联络之意，起联络表里两经的作用。

• 章门

位置

第 11 肋端，或屈肘合腋平肘尖尽头处。（图 5 - 39）

所属经脉

足厥阴肝经。

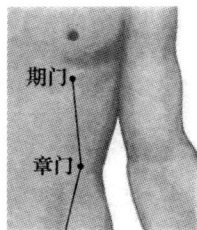

图 5 - 39

释名

章同障，障碍也。《礼记》"四面有章"是也。章门穴能治癥、瘕、疝、痞及脏器郁结之症。针灸此穴犹开四障之门，以通痞塞郁结之气，故曰"章门穴"。

功能

疏肝理气，和胃健脾。

主治

呕吐、腹痛、腹胀、腹泻、肠鸣、胸胁痛闷、欲食不下、消化不良、痞块、神疲肢倦、腰脊冷痛等。

技击意义

同上大包穴。

附注

此穴为脾之募穴，乃脏腑经气汇聚之处；又是"八会"穴之一，为足厥阴、足太阴和阴维脉交会之穴。

第八节　捯劲练法及收式中涉及的穴位

捯劲穴位
与技击

捯劲练法中涉及的穴位

- 涌泉（同前）
- 劳宫（同前）
- 身柱（同前）
- 膻中（同前）
- 命门（同前）
- 祖窍（同前）

捌劲收式中涉及的穴位

● 气冲

位置

脐下 5 寸，旁开 2 寸，腹股沟稍上方。为水谷之海，为胃经脉气上输之处。（图 5 - 40）

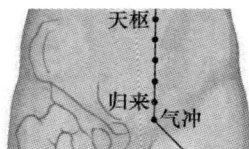

图 5 - 40

所属经脉

足阳明胃经。

释名

人呼气时腹气下降曰"归根"。吸气时，腹气由此穴内部上冲。与其直上一寸的归来穴成橐籥作用。归来穴居上，其作用为镇坠下降。气冲穴居归来穴之下，其作用为擎举上冲，故名为气冲穴。

功能

调理脾胃，促进运化，补充精髓。

主治

小腹痛、睾丸痛、疝气、呃逆、月经不调、不孕、阳痿、阴茎痛、生殖系统诸多疾病等。

技击意义

气冲穴与其直上一寸的归来穴合为内气上下鼓荡之要穴，如人体腹部上下运气之风箱。吸气时，腹气由气冲穴上冲，呼气时腹气由归来穴下降，二穴起橐籥（风箱）作用。推手或技击时，意想前腿一侧的气冲穴可于无形无象之中产生擎举上冲之力，对方难以察觉。若将对方发出或放倒再意想归来穴，即可又于无形无象之中产生一种向前下抛掷之力。

（图 5 － 41、图 5 － 42）

图 5 － 41

图 5 － 42

第六章　八法图说

　　以上几章文字，分别从不同的角度对八法进行了介绍。说实话，这些介绍，内容实在庞杂，对于许多人来说，很多东西过去都是闻所未闻的。许多人看完之后难免会有一头雾水之感，更不用说记住了。这对于那些对中国传统文化了解比较少的人来说，恐怕更是如此。

　　为了方便读者记忆，我画了两张图，一张是六合六冲体用图，一张是吴式太极拳八法图。这两张图，连同简短的文字说明，读者有的可能能够看懂，有的可能仍旧看不懂。这不要紧，因为我们有些东西还没有接触到。我只希望，读者在阅读后面的文字时，经常回过头来看看这两张图。这样，图里的东西慢慢就会理解了，也记住了。

我们先来看第一张图，六合六冲体用图（图6-1）。

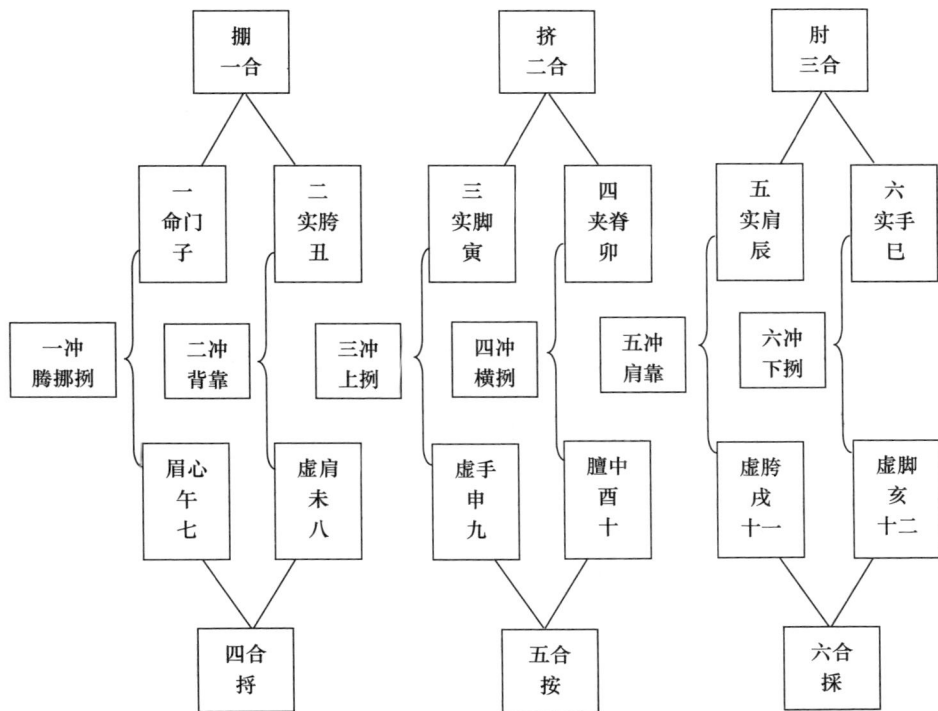

图 6-1 六合六冲体用图

掤 一合		挤 二合		肘 三合	
一 命门 子	二 实胯 丑	三 实脚 寅	四 夹脊 卯	五 实肩 辰	六 实手 巳
一冲 腾挪挒	二冲 背靠	三冲 上挒	四冲 横挒	五冲 肩靠	六冲 下挒
眉心 午 七	虚肩 未 八	虚手 申 九	膻中 酉 十	虚胯 戌 十一	虚脚 亥 十二
四合 捋		五合 按		六合 採	

图 6-1

从上图中我们可以清楚地看出八法的形成与人体各有关部位的合、冲关系及与十二地支的匹配。图里的内容我们在后面要经常用到。

我们再来看看第二张图：吴式太极八法图（图6-2）。

在这张图中，我把吴式太极拳八法所涉及的诸如脏腑、穴位、方向、卦象、自然现象、方位、用法、歌诀等，都综合在了一起，这样，读者在研究太极八法时，就可以一目了然地看清它们之间的相互关系。

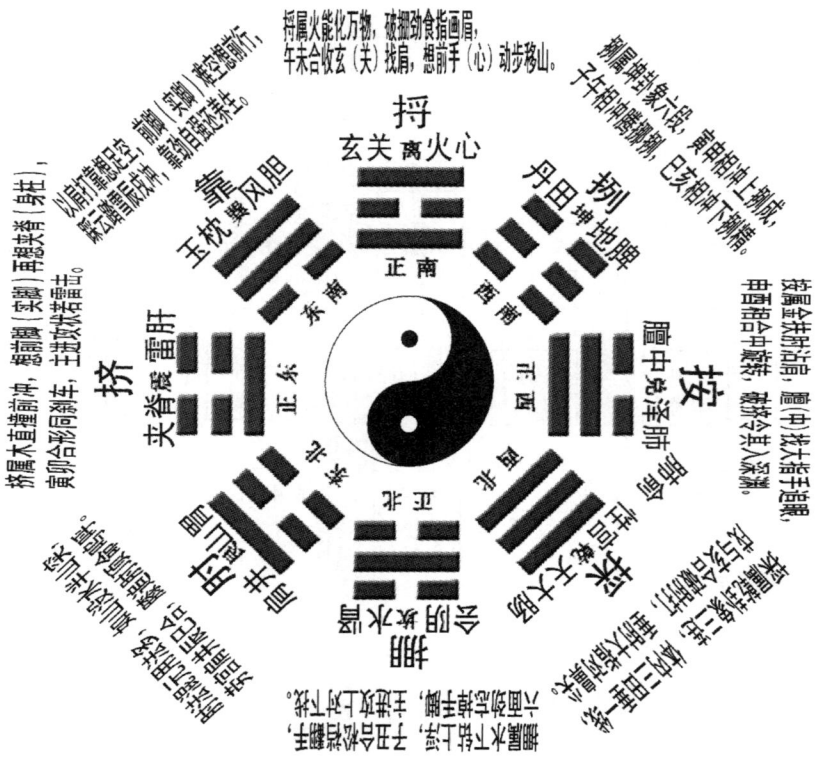

图 6-2　吴式太极拳八法图

第七章　八法训练

第一节　单式练法

掤（右）

预备式

掤（演练）

　　两脚自然站立，两手心贴近大腿两侧，目平视远前方，心平气和。意想全身关节断开，肌肉放松。其顺序是：先从两手十指之末端关节想起，第一节向前、第二节向后，第二节向前、第三节向后……如此一直到掌、腕、肘、肩各关节之间依次断开距离；同时想象每个关节间都长有一只眼睛，关节之间就像有一种灵气在蠕动。想完上肢随即想下肢，即从脚趾开始往上想逐节断开，长上眼睛，一直想到胯关节。接着再由尾骶骨想起，腰椎五节，胸椎十二节，逐节断开，长上眼睛。最后两眼向前平视，后顶往上一领，下颏微向内收，颈椎七节也全部断开。（注意所有关节间的距离都是想断开，不要想拉开或松开）这时人体自会达到拳谱所说的"尾闾中正神贯顶，满身轻利顶头悬"的最佳状态。

　　接着再连续想收缩骨髓与骨髓腔拉开距离，想全身肌肉和骨骼分离，想全身皮肤和肌肉分离，想周身汗毛孔都张开汗毛竖起来，激发毛孔呼吸的功能，使内外之气交融。全身要有头融天、脚融地、胸融空，形充天地、势满寰宇之感觉和气势。然后再把上述所有意念全部忘掉，只着意下丹田。这时，身体感觉像是站在水中船上一样，有一种轻微摇动之感。这表明，身心已进入演绎太极拳的佳境。

图 7 - 1

接着再意想命门（左肾右侧、右肾左上角），横膈膜自会上提，肚脐向后收贴近命门，自会产生"吸"气之感。再想命门推肚脐，横膈膜自会下降，肚脐会随之前鼓离开命门，自会产生"呼"气感。如此三次，像拉风箱一般，感到气往下行，经小腹、会阴到足心、大趾，形成拳谱上说的"胎息"的最佳呼吸状态。"胎息"三次，如旧式钟表之上发条，待发条上满，钟表会自动走起来。如从健身和技击结合的角度讲，八法每式练习都要按上述要求做好预备式。如单是从技击角度考虑或表演时，则预备式之意念可以从简。（图 7 - 1）

正式

1. 右掌前掤。由预备式开始，松右肩，坠右肘，想象肘尖擦着地皮走，右臂自下向前上掤起，指尖朝上，掌心朝前，拇指指甲要对准自己的鼻子尖，右肘与左膝相合，右掌置于左脚上方。目光顺着右手食指尖内侧向前看去。（图 7 - 2）

2. 右臂外旋。意想右臂之曲池穴找少海穴，右手心自动旋转向上，大拇指肚对正自己的鼻尖。（图 7 - 3）

3. 左掌上抬。上动不停，左掌自动抬起至腹前，指尖朝上，两掌心有相合之意。（图 7 - 4）

4. 右进左跟。随即以心口窝追左手拇指指甲盖。同时，上右步跟左足，手脚身步的动作要协调一致。（图 7 - 5、图 7 - 6）

5. 右弓左撤。上动不停，左脚向后撤一步，右膝前弓，左腿向后舒伸，两足尖均朝前，成轨道步形。同时，意想命门穴与右环跳穴相合，松裆，右手心自动翻转向前。鼻子尖与右膝尖、右脚大趾尖上下垂直一条线，"三尖相照"，右手大拇指指甲盖与自己右鼻孔前后对正，左手拇指指甲盖对正心口窝，横向对正右肘尖。眼神视线顺右手食指尖内侧向前看去，想象六面劲，忘掉手脚。（图7-7）

图7-2

图7-3

图7-4

图7-5

图7-6

图7-7

收式

1. 右按阳陵。接上式，右手随眼神由前向右后上方至右膝外下方之阳陵泉弧形旋转降落，想象以右手之大指、中指、食指从空中捏取一根银针刺入右阳陵泉，左手扶于右臂弯处。（图7-8、图7-9）

图7-8   图7-9

2. 左脚右靠。意想右阳陵泉向右主动靠近针柄，让针尖透出右阴陵泉。左腿自动向右腿靠拢，左脚与右脚并齐。左手随眼神由前向左后上方伸展，手心斜向外。（图7-10）

3. 左按阳陵。左手弧形旋转降落至左膝外下方之阳陵泉，想象以左手之大指、中指、食指从空中捏取一根银针刺入左阳陵泉，让针尖透出左阴陵泉，待两侧之针尖刚一接触，有放电之感，立即将其忘掉。（图7-11）

4. 两掌抱膝。速以左、右两手心之内劳宫穴紧贴两侧之阳陵泉，两掌用力向内合抱两膝，欲将自身抱起离开地面；稍停，待两腿和腰部发热。此式可促进水火气化，真气运行，防治肾虚、腰疼等诸多疾患。（图7-12）

5. 两掌托臀。接上动，两手由阳陵泉慢慢往后移动，以手心托住两胯侧之环跳穴，欲将自己托起。（图7-13）

6. 身体直立。两足蹬地，身体慢慢直立，两手同时于环跳穴处向上、向前、向下贴胯画一小圈，两掌向下插伸，手心贴于股骨两侧，稍停，大腿会有发热感。再以中指尖点按风市穴，感到肚脐回收，两手放松，恢复至预备式。（图 7 - 14）

图 7 - 10

图 7 - 11

图 7 - 12

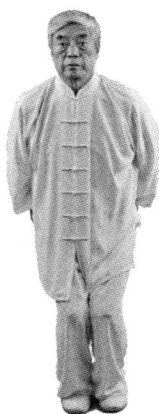

图 7 - 13

图 7 - 14

第七章 八法训练

063

以上是右掌前掤，练完右掌前掤再如是接练左掌前掤，动作要领与右掌前掤相同，惟方向相反。

挤 （左）

预备式（同前）

挤（演练）

正式

1. 右进右伸。由预备式开始，以右手食指引导，使右臂向右前上方抬起，并伸直往左前方移动，使右手食指指肚和左眉梢前后对正。此时右脚自动向前迈进一步。（图 7 – 15）

2. 左掌打挤。随之屈膝，左腿后伸成右弓步。同时，意想右手背之前方似与一重物有相贴之感；随即想身柱穴往前脚上落。同时，出左手，以左腕桡侧之脉门，随着身体的扭转而自动地贴于右臂的曲池穴上——两手犹如三角铁架焊住一般，任身体转动，始终保持紧贴，丝毫不可放松。而前脚必须落在右手背和左手指尖连线中点的地面上——如此，自会产生一种巨大的直冲之力。（图 7 – 16）

图 7 – 15

图 7 – 16

收式

1. 两臂前伸。接上式，左右两手同时向前远方极力舒伸，手心向下。开始吸气，目光向前平远视。（图 7 – 17）

2. 两臂平展。上动不停，两臂向左右两侧极力平展（吸气不停），直至极限。（图 7 – 18）

图 7 – 17

图 7 – 18

3. 两臂高举。上动不停，两臂向上极力够天，将气吸足。同时，将左腿带上来，左脚向右脚靠拢并齐。憋住气，意想松脚腕、松膝盖、松胯、松腰、松肩、松肘、松手腕。（图 7 – 19）

4. 两臂松落。由上式，一想到松手腕，开始慢慢呼气，两臂自然放松，于胸前交叉降落于身体两侧，身体直立，恢复预备式姿势。注意在吸气时要做到静、绵、深、长；呼气时要做到悠、缓、细、匀。（图 7 – 20、图 7 – 21）

图 7 – 19

以上是左掌打挤，练完后再接练右掌打挤，动作要领与左掌打挤相同，惟方向相反。

图 7 - 20

图 7 - 21

肘 （右）

预备式（同前）

正式

肘（演练）

1. 右伸右进。由预备式开始，左臂朝正前方伸出，手拇指朝天，小指向地。（图 7 - 22）

2. 右弓右肘。随即右脚向前迈进一步。同时右臂前伸。右腿屈膝前弓，左腿后伸，成右弓步。（图 7 - 23）

随即右手向后回折，意想手心与右肩井相合，左掌指抵于右肘内侧，意想头顶百会穴四周的四个穴位（即四神聪穴）融天，右足心之涌泉穴入地，右肘肘尖向前穿透无阻。两眼平视右肘方向。（图 7 - 24）

练习顶肘时，心中要有三条线：即头向上顶一条线，右脚向地一条线，肘尖向前一条线。这三条线和眼神要自觉向无限远伸展，发出一种混元劲。

图 7 - 22   图 7 - 23   图 7 - 24

收式

1. 右按三里（穴）。接上式，右手随眼神由前向右后上方至右膝外下方之足三里穴弧形旋转降落，想象以右手之大指、中指、食指从空中捏取一根银针刺入右足三里穴，左手扶于右臂弯处。（图 7 - 25、图 7 - 26）

图 7 - 25   图 7 - 26

2. 左腿右靠。意想右足三里穴向右主动靠近针柄，让针尖透出对侧的皮肤。左腿随即向右腿靠拢，左脚与右脚并齐。左手随眼神由前向左后上方伸展，手心斜向外。（图7－27）

3. 左按三里（穴）。左手弧形旋转降落至左膝外下方之足三里穴，想象以左手之大指、中指、食指从空中捏取一根银针，刺入左足三里穴，让针尖透出对侧的皮肤。待两侧之针尖刚一接触，有放电之感，立即将其忘掉。（图7－28）

4. 两掌合抱。速以左、右两手心之内劳宫穴紧贴两侧之足三里穴，两掌用力向内合抱，欲将自身抱起离开地面；稍停，等待两腿发热。（图7－29）

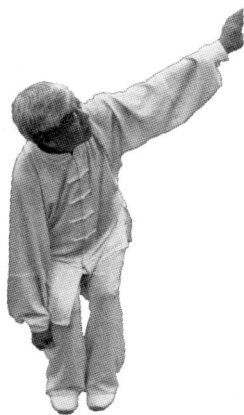

图7－27　　　　　　　图7－28　　　　　　　图7－29

5. 推腰挺腹。接上动，两手由足三里穴慢慢往后移动至腰部，以两手心用力前推，腹部极力前挺，头向后仰眼看天空，两足跟不要离开地面。（图7－30）

6. 收腹直身。由上式，收腹直身，此时提起足跟，稳定后两足跟落地，两掌自然向下插伸，手心贴于股骨两侧。稍停，待两大腿有发热感时，再以中指尖点按风市穴。感到肚脐回收，两手放松，恢复至预备式。

（图7－31、图7－32）

以上是右顶肘，练完右顶肘再接练左顶肘，动作要领与右顶肘相同，惟方向相反。

图7－30　　　　　　　图7－31　　　　　　　图7－32

靠（左肩）

预备式（同前）

正式

靠（演练）

1. 右进右伸。由预备式开始，右脚向前上步。同时，右手由下向前上方抬起，高与肩平，手心向内，前后与鼻对正。（图7－33）

2. 两掌相叠。随即意想右手之拇指、食指、中指、无名指、小指的指甲盖依次向上托起，手心再转向下；同时左手向前抬起，置于右掌上方。（图7－34）

3. 左肩打靠。上式不停，意想右臂的腕、肘、肩之关节一一折断脱落于地，右臂下落松垂，落于右胯后方；左掌同时下落至左手腕靠近右肋，手心朝下后方，两手虎口遥遥相对。两眼朝身后回顾右手食指指甲。同时，左脚自动往左横跨半步，左肩自动转向正前方，而意念则在脑后

之玉枕穴。（图7－35）

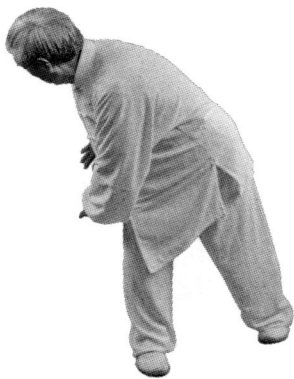

图7－33 图7－34 图7－35

收式

1. 左脚右靠。上式不停，上体继续右转成瞬间背靠，同时带动左脚向右脚靠拢，两膝相贴，左脚与右脚并齐。（图7－36）

2. 摇身直立。随即两臂、两腿同时松力，身体则由右往左自然转动至极限。再向右转动，两臂自然相随，似在水中摸鱼一般。如此左右旋转摆动，边摆动边立身，如此反复地转至身体自然直立为止。在此直立之际，意想自己是一朵刚刚露出水面的芙蓉花，水珠在叶面上滚动，艳丽动人，自己也要随之眉开眼笑，恢复到预备势。（图7－37～图7－40）

图7－36

以上是左肩打靠，练完后再练习右肩打靠，动作要求相同，惟方向相反。

图 7 - 37

图 7 - 38

图 7 - 39

图 7 - 40

捋 （左）

预备式（同前）

正式

1. 左食指肚画右眉。由预备式开始，以左手食指指肚触摸右眉梢随画至右眉攒。然后两眼注视左手食指肚，这时手眼之间的距离便会自动拉开。（图 7 - 41 ~ 图 7 - 43）

图 7－41　　　　　　　图 7－42　　　　　　　图 7－43

2. 左食指盖画左眉。左手食指肚转向外，以食指指甲盖对正左眉攒画到左眉梢，眼神随移到左食指指甲盖上。与此同时右手自动抬起，使右手中指指尖与左手拇指尖相平，两手间隔一掌宽。右脚朝后撤一大步，左腿屈膝，右腿伸直，重心在左腿，两腿成左弓步。（图 7－44～图 7－46）

图 7－44　　　　　　　图 7－45　　　　　　　图 7－46

收式

1. 左手右点。接上式，重心右移，同时左手回够右肩，以中指之中

冲穴点按右肩井穴；同时右肘上抬与肩同高。意想左手中指之气如同银针向下穿透右涌泉穴。（图7-47、图7-48）

图7-47　　　　　　　　　　　　　　　图7-48

2. 右手左点。由上式，上体左转，以右手中指之中冲穴点按左肩井穴；随即左足向右足靠拢并齐，同时左肘上抬与右小臂贴近。意想右手中指之气如同银针向下穿透左涌泉穴。重心完全寄于右足。稍停，两手自然降落，回复到预备式状态。（图7-49~图7-51）

图7-49　　　　　　　　图7-50　　　　　　　　图7-51

以上为左捋手，练完此式，再练习右捋手。动作要求相同，惟方向相反。

按（右）

预备式（同前）

正式

1. 两掌左摆。由预备式开始，双手抬起向左后上方摆动。（图7－52）

2. 左撤双按。上式不停，身体微右转，面向正前方。左手朝前与肩同高，手心向下；右手心向下，拇指与左乳头相平。意在命门，肩背上耸，汗毛上竖，有如锦鸡争斗之势。随即左脚向左后撤一大步，右腿屈膝成右弓步。左手回收至拇指与左乳头相平，右手下降至脐下，再微微上提，与肚脐相平。眼神顺右手中指与食指的缝隙间往下注视，意想入地三尺深。（图7－53、图7－54）

图7－52　　　　　　图7－53　　　　　　图7－54

收式

1. 右手点腋。接上式，起身重心左移，右手回够左腋，意想右手中

指之中冲穴穿点左腋下之极泉穴；同时左掌内旋上举，意想手心之劳宫穴将天空托起，同时深吸气。（图7-55、图7-56）

图7-55

图7-56

2. 左手点腋。接上式，右肘上提，左手回够右腋，意想左手中指之中冲穴穿点右腋下之极泉穴。随即右掌内旋上举，意想手心之劳宫穴将天空托起，同时深吸气。收回右足与左足靠拢并齐。（图7-57、图7-58）

图7-57

图7-58

3. 合掌收式。接上式，右手外旋立掌，沉肩坠肘，降于胸前，中指之中冲穴与人中穴相平；左手上移至右掌外侧，掌心向内，复与右掌相合，并回复到预备式状态。（图7-59~图7-61）

以上是右按，练完后再练习左按，动作要求相同，惟方向相反。

图7-59　　　　　　　图7-60　　　　　　　图7-61

採（右）

预备式（同前）

正式

採（演练）

1. 右弓分展。由预备式开始，左脚向后退一步，脚尖虚着地面，右膝前弓。两臂向前后伸展，两掌心均向左。（图7-62）

2. 左坐立肘。重心后移至左脚，左腿屈膝下坐，右足随向后微撤，足尖朝前，全脚掌着地。右臂沉肩坠肘，掌指垂直上竖，大指对鼻尖；左掌立掌从右肘下向外推，使虎口紧贴于右肘外侧，掌指向上。眼神从右手中指和食指缝隙间向下注视，意想入地三尺。同时意想右胯之环跳穴（戌）与右脚之涌泉穴（亥）相合。（图7-63）

3. 左转看肩。上动姿势不变，上体极力左转，眼看左肩井穴，意想玄关穴与左肩井穴相合。（图7-64）

图 7 - 62　　　　　　　图 7 - 63　　　　　　　图 7 - 64

收式

1. 右弓双伸。接上式，上体回转至面向正前方，同时两臂前伸，两掌掌心反向外与两肩等高同宽。右腿屈膝前弓，成右弓步。目平视前方。（图 7 - 65）

2. 立身抱肘。由上式，右脚蹬力回撤与左足靠拢，身体直立。两臂同时外旋屈肘回收至紧贴于两腋下之大包穴，两掌跟用力揉按数次。（图 7 - 66）

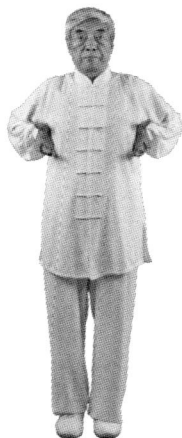

图 7 - 65　　　　　　　图 7 - 66

3. 两掌下推。由上式，松肩坠肘使两掌跟垂直下推至两肋下之章门穴，同时用力按压，稍停恢复预备式状态。（图7－67、图7－68）

以上是右採，练完后再练习左採。动作要求相同，惟方向相反。

图7－67

图7－68

捌

预备式（同前）

正式

捌（演练）

1. 上捌（右）

由预备式开始，右手前伸，外旋使掌心向上，左手掌心向下置于右肘内侧。随即右脚前伸，足跟虚着地面，左腿屈膝下坐。同时，右手握拳向前上方向冲击，左手亦同时握拳向左后方向悠摆助力。目视假想敌。稍停，恢复预备式状态。（图7－69~图7－72）

以上是右上捌，练完后再练习左上捌。动作要求相同，惟方向相反。

图 7 – 69

图 7 – 70

图 7 – 71

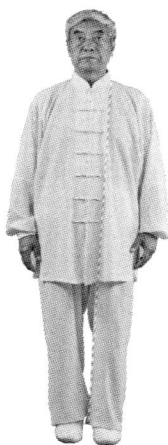

图 7 – 72

2. 下挒（右）

　　由预备式开始，重心右移，右腿屈膝坐胯，左脚前伸，足跟虚着地面。同时，两手左斜下、右斜上分冲。随即重心微向前移，右掌前伸；左足后撤一大步成右弓步，与右掌相冲形成下挒。目视假设敌。稍停，恢复预备式状态。（图 7 – 73 ~ 图 7 – 75）

第七章　八法训练

079

以上是右下捌，练完后再练习左下捌。动作要求相同，惟方向相反。

图 7 - 73　　　　　　图 7 - 74　　　　　　图 7 - 75

3. 横捌（右手）

（1）右手向左右横捌

右手右横捌：由预备式开始，重心右移，左腿舒伸。右手内旋掌心向外握拳，由左向右平胸移动，意想膻中穴（酉）向右，左肩找右胯，夹脊穴（身柱穴）（卯）向左，与膻中穴相冲，左手亦握拳向左平移。（图7－76）

右手左横捌：由预备式开始，重心左移，左腿屈膝坐胯，右腿仆伸。同时，右拳外旋掌心向内，由右向左平胸移动，意想膻中穴（酉）向左，右肩找左胯，夹脊穴（身柱穴）（卯）向右，与膻中穴相冲，左拳随势向左后方移动助力，拳心向下。目视右前方。稍停恢复预备式状态。（图7－77）

以上是右手向左右横捌，练完后再练习左手向左右横捌。动作要求相同，惟方向相反。

（2）右手向右上斜捌

由预备式开始，左掌向左前方平推，同时右拳向右上方分拨旋举，

拳心斜向上，意想膻中穴与夹脊穴（身柱穴）向右上、左下相冲。稍停恢复预备式状态。（图7-78）

以上是右手向右上斜捌，练完后再练习左手向左上斜捌。动作要求相同，惟方向相反。

图7-76　　　　　　　　图7-77　　　　　　　　图7-78

4. 腾挪捌（右）

（1）右推左托。由预备式开始，右手向左腋下平行环移，左手同时向上托举。（图7-79）

（2）左掌绕头。由上式，左手臂外旋掌心向内，由右向后绕头如拢小辫移到脑后；复以意如握辫根上提。（图7-80）

（3）右弓双按。接着俯身，两掌下按至右大腿两侧，成右弓步。（图7-81）

（4）右提左摆。随即右脚蹬力起身，提膝直立，稍停右足左摆。两手向右摆至极限，左掌靠近右膝，右掌平摆至右后方，两手虎口遥遥相对。目视右手食指尖。肩、肘、腕、胯、足各大关节放松，肚脐回收，尾骶骨前勾。（图7-82、图7-83）

图 7 - 79

图 7 - 80

图 7 - 81

图 7 - 82

图 7 - 83

收式

1. 右弓前伸。由上式，右脚向前落步，重心前移，成右弓步。两手同时向前平伸。（图 7 - 84）

2. 两掌前伸。上动不停，前脚蹬力重心移至后足，左腿屈膝下坐。两手经腹前、身体两侧弧形向前伸展，手背相对，掌心向外。同时，右

膝再前弓成右弓步。（图 7 - 85）

3. 两拳击腹。由上式，右足后撤与左足靠拢并齐。同时，两掌握拳外旋拳心向上，迅速有力向下击打小腹两下角之气冲穴。稍停恢复预备式状态。（图 7 - 86、图 7 - 87）

以上是右腾挪捌，练完后再练习左腾挪捌。动作要求相同，惟方向相反。

图 7 - 84

图 7 - 85

图 7 - 86

图 7 - 87

第二节　连环练法

八法的连环练法，由右侧开始；右侧练完，然后过渡到左侧，中间有几个过渡的式子；左侧练完，然后是收式，前后一气呵成。

预备式（同前）（图7-88）

正式

右侧

1. 掤（右）

（1）右掌前掤。由预备式开始，松右肩，坠右肘，想象肘尖擦着地皮走，右臂自下向前上掤起，指尖朝上，掌心朝前，拇指指甲要对准自己的鼻子尖，右肘与左膝相合，右掌置于左脚上方。目光顺着右手食指尖内侧向前看去。（图7-89）

（2）右臂外旋。意想右臂之曲池穴找少海穴，右手心自动旋转向上，大拇指肚对正自己的鼻尖。（图7-90）

图7-88

（3）左掌上抬。上动不停，左掌自动抬起至腹前，指尖朝上，两掌心有相合之意。（图7-91）

（4）右进左跟。上动不停，以心口窝追左手拇指指甲盖。同时，上右步跟左足，手脚身步的动作要协调一致。（图7-92、图7-93）

（5）右弓左撤。由上式，左脚向后撤一步，右膝前弓，左腿向后舒

伸，两足尖均朝前，成轨道步形。同时，意想命门穴与右环跳穴相合，松裆，右手心自动翻转向前。鼻子尖与右膝尖、右脚大趾尖上下垂直一条线，"三尖相照"。右手大拇指指甲盖与自己右鼻孔前后对正，左手拇指指甲盖对正心口窝，横向对正右肘尖。眼神视线顺右手食指尖内侧向前看去。想象六面劲，忘掉手脚，为右掌前掤。（图7-94）

图7-89

图7-90

图7-91

图7-92

图7-93

图7-94

2. 挤（左）

上式不停，左脚自动向前迈进一步，屈膝，右腿后伸成左弓步；同时，右臂外旋，食指与右眉梢遥遥相对，意想右手背之前方似与一重物有相贴之感；同时左手腕之脉门，随着身体的扭转而自动地贴于右臂的曲池穴上，两手臂犹如铁焊，任身体转动，始终保持紧贴，丝毫不可放松。而前脚与右小臂正中点垂直，意想前脚之涌泉穴找身柱穴，身柱穴找前脚之涌泉穴，为左掌打挤。（图7－95）

图 7 - 95

3. 肘（右）

（1）左掌前伸。由上式，左掌立掌前伸。（图7－96）

（2）右弓右顶。上动不停，上右足成右弓步，同时，右掌之内劳宫穴找右肩井穴，右肘自动前冲，左掌指尖抵于右臂弯处。目平视远前方。右肘前顶。（图7－97）

图 7 - 96

图 7 - 97

4. 靠（左）

（1）右掌平伸。由上式，右掌向前平伸，掌心向下。（图7-98）

（2）左掌平伸。上动不停，同时左掌亦向前伸，轻按于右手腕之上。（图7-99）

（3）左移左靠。随即左脚向左横移，同时上体极力右转前俯，小腹放在大腿上，头向后看。两臂随势向后摆动至左掌到右膝外侧，右掌到右胯旁，右胯与左肩前后相冲，两掌虎口前后相对。意在玉枕穴，眼看后手（右掌）虎口。左肩前靠。（图7-100）

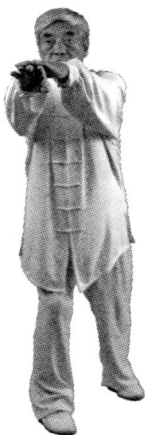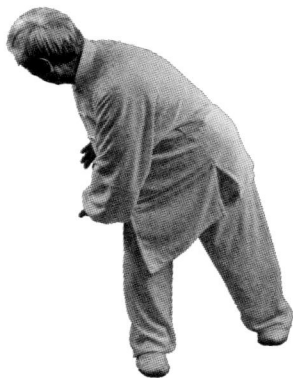

图7-98　　　　　　　图7-99　　　　　　　图7-100

5. 捋（左）

（1）左食指肚画右眉。由上式，身体直立，以左手食指肚触摸右眉梢至右眉攒。然后两眼注视一下左手食指肚，这时手眼之间的距离便会自动拉开。同时右脚回收。（图7-101~图7-103）

（2）左食指盖画左眉。上动不停，左手食指肚转向外，以食指指甲盖对正左眉攒，画到左眉梢，眼神随移到左食指指甲盖上；与此同时，右手自动抬起，使右手中指指尖与左手拇指尖相平，两手间隔一掌宽。随即右脚朝右后撤一大步，左腿屈膝，右腿伸直，重心在左腿，两腿成

左弓步，左捋完成。（图7－104～图7－106）

图7－101　　　　　图7－102　　　　　图7－103

图7－104　　　　　图7－105　　　　　图7－106

6. 按（右）

（1）左掌前伸：由上式，左脚后撤与右足靠拢，足尖着地，足跟跷起。同时，左掌向前平伸，掌心向下。（图7－107）

（2）右弓双按。上动不停，左脚向左后撤一大步，右腿屈膝，成右弓步。左手回收至拇指与左乳头相平；同时右掌下降至脐下，再微微上提，与肚脐相平。两眼顺右手食指与中指尖之缝隙间往下注视，意想入地三尺深。右按完成。（图7－108）

图7－107

图7－108

7. 採（右）

（1）右弓分展。由上式，上体左转，左脚顺势向后撤一步，脚尖虚着地面，足跟内收，重心寄于右足，成右弓步。两臂向前后伸展，掌心均向左，成卧立掌。目视右掌方向。（图7－109）

（2）左坐立肘。重心向后移至左脚，左腿屈膝下坐，右足随向后微撤，足尖朝前，全脚掌着地。右臂沉肩坠肘，掌指垂直上竖，大指对鼻尖；左掌立掌从右肘下向外推，使虎口紧贴于右肘外侧，掌指向上。眼神从左手中指和食指缝隙间向下注视，意想入地三尺；同时意想右胯之环跳穴（戌）与右脚之涌泉穴（亥）相合。（图7－110）

（3）左转看肩。上动姿势不变，上体极力左转，眼看左肩井穴，意想玄关穴与左肩井穴相合，左採完成。（图7－111）

图 7 - 109　　　　　图 7 - 110　　　　　图 7 - 111

8. 腾挪挒（右）

（1）右按左扬。上式不停，右手向左腋下平按；同时左掌经前向右上方扬起。（图 7 - 112）

（2）右绕上提。随即左手如拢小辫子，掌心向内，向右绕头移到脑后上提。（图 7 - 113）

（3）右弓双按。接着俯身，两掌向下按至右大腿两侧，成右弓步。（图 7 - 114）

图 7 - 112　　　　　图 7 - 113　　　　　图 7 - 114

（4）右提左摆。随即右脚蹬力起身提膝直立；稍停，右足左摆。两手向右摆至极限，左掌靠近右膝，右掌摆至右后方，两手虎口遥遥相对。目视右手食指尖。肩、肘、腕、胯、膝、足各大关节放松，肚脐回收，尾骶骨前勾。（图7－115、图7－116）

图7－115

图7－116

过渡

1. 掤（右）

右脚向前落步，屈膝前弓成右弓步。同时两掌向前扑按，意想命门穴找右胯之环跳穴。松裆松胯，右手大指对鼻尖，心口窝追左手大指。目视右手食指之商阳穴。（图7－117）

2. 採（左）

（1）左弓分展。由上式，上体右转，右脚顺势向后撤一步，脚尖虚着地面，足跟内收，重心寄于左足，成左弓步。两臂向前后伸展，掌心均向内，成卧立掌。目

图7－117

视左掌方向。（图7-118）

（2）右坐立肘。重心向后移至右脚，右腿屈膝下坐，左足随向后微撤，足尖朝前，全脚掌着地。左臂沉肩坠肘，掌指垂直上竖，大指对鼻尖；右掌立掌从左肘下向外推，使虎口紧贴于左肘外侧，掌指向上。眼神从左手中指和食指缝隙间向下注视，意想入地三尺；同时意想左胯之环跳穴（戌）与左脚之涌泉穴（亥）相合。（图7-119）

（3）右转看肩。上动姿势不变，上体极力右转，眼看右肩井穴，意想玄关穴与右肩井穴相合。（图7-120）

图7-118　　　　　　图7-119　　　　　　图7-120

3. 捌（左）

（1）左按右扬。上式不停，左手向右腋下平按，右手同时向上托举。（图7-121）

（2）右绕上提。随即右手臂外旋掌心向内，向后绕头如拢小辫移到脑后上提。（图7-122）

（3）左弓双按。接着俯身，两掌向下按至左大腿两侧，成左弓步。（图7-123）

（4）左提右摆。由上式，左脚蹬力起身，提膝直立；稍停，左足右摆，两手句左摆至极限，右掌靠近左膝，左掌摆至右胯旁，两手虎口遥遥相对，目视左手食指尖。肩、肘、腕、胯、膝、足各大关节放松。肚脐回收，尾骶骨前勾。（图7－124、图7－125）

图7－121　　　　　　图7－122　　　　　　图7－123

图7－124　　　　　　　　　图7－125

左侧

1. 左掌前掤

左脚向前落步，屈膝前弓成左弓步，同时两掌向前扑按，意想命门

穴找左胯之环跳穴，松裆松胯，左手大指对鼻尖，心口窝追右手大指。目视左手食指之商阳穴。（图7－126）

2. 挤（右）

上式不停，右脚向前迈进一步屈膝前弓，左腿后伸成右弓步。同时左臂外旋，食指与左眉梢遥遥相对，意想左手背之前方似与一重物有相贴之感；同时，右手腕之脉门，随着身体的扭转而自动地贴于左臂的曲池穴上，两手臂犹如铁焊，任身体转动，始终保持紧贴，丝毫不可放松。前脚与左小臂正中点垂直，意想前脚之涌泉穴找身柱穴，身柱穴找前脚之涌泉穴。为右掌打挤。（图7－127）

图7－126　　　　　　　　　　　图7－127

3. 肘（左）

（1）右掌前伸。上式不停，右掌立掌前伸，掌心向内。（图7－128）

（2）左弓左顶。上动不停，上左足成左弓步。同时，左掌之内劳宫穴找左肩井穴，左肘自动前冲，右掌指尖抵于左臂弯处。目平视远前方。左肘前顶。（图7－129）

4. 靠（右）

（1）左掌平伸。上式不停，左掌向前平伸，掌心向下。（图7－130）

图 7 – 128

图 7 – 129

（2）右掌平伸。上动不停，同时右掌亦向前伸轻按于左手腕之上。
（图 7 – 131）

（3）右移右靠。上动不停，右脚向右横移，同时上体极力左转，上
体前俯，小腹放在大腿上，头向左后看。两臂随势向左后摆动，至右掌
到左膝外侧，左掌到左胯旁，左胯与右肩前后相冲，两掌虎口前后相对。
意在玉枕穴。眼看后手（左掌）虎口，右肩前靠。（图 7 – 132）

图 7 – 130

图 7 – 131

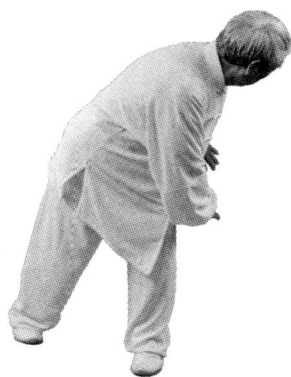

图 7 – 132

5. 捋（右）

（1）右食指肚画左眉。由上式，身体直立，以右手食指肚触摸左眉梢至左眉攒。然后两眼注视一下右手食指肚，这时手眼之间的距离便会自动拉开。同时左脚回收。（图 7 - 133 ~ 图 7 - 135）

（2）右食指盖画右眉。上动不停，右手食指肚转向外，以食指指甲盖对正右眉攒画到右眉梢，眼神随移到右食指指甲盖上；与此同时，左手自动抬起，使左手中指指尖与右手拇指尖相平，两手间隔一掌宽。随即左脚朝左后撤一大步，右腿屈膝，左腿伸直，重心在右腿，两腿成右弓步。右捋完成。（图 7 - 136 ~ 图 7 - 138）

6. 按（左）

（1）右掌前伸。由上式，右脚后撤与左足靠拢，足尖着地，足跟跷起。同时右掌向前平伸，掌心向下。（图 7 - 139）

（2）左弓双按。上动不停，右脚向右后撤一大步，左腿屈膝，成左弓步。右手回收至拇指与右乳头相平，同时左掌下降至脐下，再微微上提，与肚脐相平。两眼顺左手食指与中指尖之缝隙间往下注视，意想入地三尺深。左按完成。（图 7 - 140）

图 7 - 133   图 7 - 134   图 7 - 135

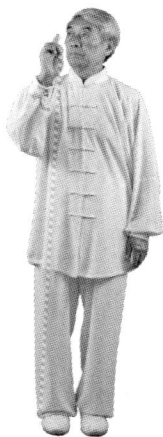

图 7 - 136

图 7 - 137

图 7 - 138

图 7 - 139

图 7 - 140

7. 採（左）

〔1〕左弓分展。上式不停，上体右转，右脚顺势向后撤一步，脚尖虚着地面足跟内收，重心寄于左足，成左弓步。两臂向前后伸展，掌心均向右，成卧立掌。目视左掌方向。（图 7 - 141）

（2）右坐立肘。重心向后移至右脚，右腿屈膝下坐，左足随向后微撤，足尖朝前，全脚掌着地。左臂沉肩坠肘，掌指垂直上竖，大指对鼻尖；右掌立掌从左肘下向外推，使虎口紧贴于左肘外侧，掌指向上。眼神从左手中指和食指缝隙间向下注视，意想入地三尺；同时意想左胯之环跳穴（戌）与左脚之涌泉穴（亥）相合。（图7－142）

（3）右转看肩。上动姿势不变，上体极力右转，眼看右肩井穴，意想玄关穴与右肩井穴相合。（图7－143）

图 7 － 141   图 7 － 142   图 7 － 143

8. 腾挪捌（左）

（1）左按右扬。上式不停，上体左转，左手向右腋下平行按，同时右手向左上方扬起。（图7－144）

（2）左绕上提。随即右手如拢小辫子，掌心向内，向左绕头移到脑后上提。（图7－145）

（3）左弓双按。接着两掌俯身下按至左大腿两侧，成左弓步。（图7－146）

（4）左提右摆。随即右脚蹬力起身，提左膝直立。稍停，左足右摆，两手向左摆至极限，右掌靠近左膝，左掌摆至左后方，两手虎口遥遥相对。目视左手食指尖。肩、肘、腕、胯、膝、足各大关节放松，肚脐回

收，尾骶骨前勾。（图7－147、图7－148）

图7－144

图7－145

图7－146

图7－147

图7－148

收式

1. 左弓前伸。由上式左脚向前落步，重心前移，成左弓步。两手同时向前平伸。（图7－149）

2. 两掌回收。上动不停，前脚蹬力重心移至后足，右腿屈膝下坐。

两手同时交叉随即收至大腿根部，掌心朝上。（图7－150）

3. 两掌前伸。由上式，左腿前弓成左弓步。同时，两掌内旋由胁下向前平悠，掌心朝外。（图7－151）

4. 两拳击腹。上动不停，左足后撤至右足旁。同时，两掌变拳，臂外旋，迅速有力地以两掌跟向下击打小腹两下角之气冲穴。稍停，恢复预备式状态。（图7－152）

图7－149

图7－150

图7－151

图7－152

第八章　八法推揉

推揉演练

　　吴式太极拳八法丰富多彩，灵活巧妙，但如果没有科学的训练方法，不经过严格的训练，也是派不上用场的。所以，为了使吴式太极拳弟子、门人在实战中能准确熟练地使用八法防身抗暴，几种常用的推揉训练方法必须要反复认真地刻苦练习，才能有效提高吴式太极拳的推手和技击水平。这些方法的训练，都是为了锻炼人在遇到不同方向、不同角度外力袭击时，不惊不慌，不顶不弱，顺势圆转自如，引进落空，合力击发的自然反应能力。八法的训练，分为单人练习和双人对练两种。单人练法练的是知己之功和"练时眼前无人似有人"的意识；双人对练练的是知彼之功和"用时眼前有人似无人"的胆气。

第一节　平圆、立圆推揉

平圆推揉

单人单手平圆推揉

1. 由预备式开始，右手立掌向前上方斜推，掌心朝前，大指指甲对鼻尖；随即掌心转向内，手心斜向上，沉肩坠肘，大指肚对鼻尖。目视食指尖方向。随即左掌自然抬起置于右肘内侧。随即右足前移，足跟着地，足尖翘起；左腿屈膝下蹲，重心完全寄于左足，右足能抬而不抬，上体中正安舒，尾骶骨对正左足跟，收腹溜臀。想象自己右腕与对方右腕相贴。（图8-1~图8-4）

图8-1　　　　　　图8-2　　　　　　图8-3　　　　　　图8-4

2. 由上式，右膝前弓，右手内旋，手心朝外。想象翻手向对方头面扑按，左掌同时向后摆动，以助前推之力。（图8-5）

3. 由上式，重心后移，左腿屈膝下坐，右足尖上翘，足跟着地。同时，右手臂外旋，随坐身之势，手心转向左肩井，上体微向左转，想象对方以右手扑按我头面，我转身翻手把对方劲力引开，使其落空。（图8-6）

4. 由上式，下肢姿势不变，向右转体，左手同时前移至右胯前，以防对方左掌偷袭；右手心随转体之势由左肩井前平移至右肩井前，掌心朝前，随即向前按出。右膝前弓，想象对方进攻之力落空。回撤之时，我顺势转身前按，左掌同时向后摆动，以助前推之力。如是反复循环练习。（图8-7、图8-8）

图 8 - 5

图 8 - 6

图 8 - 7

图 8 - 8

　　右式练一定时间或次数后，右足收回向左足靠拢，收式。右式练完后，再接练左式。左式方法同右式，惟方向相反。

双人单搭手平圆推揉

1. 单搭手法

　　甲乙（图中男甲、女乙，下同）二人相对站立，右足各向前迈出一步。右手各自从右肋旁向前伸举外旋，手心斜向上，左手自然下垂于左胯前。屈膝坐胯，重心寄于左足，右足跟着地，足尖翘起。甲乙两足间距一顺脚，双手腕背相贴，成交叉式，凝神于皮毛，不可用力。（图8-9）

图8-9

2. 平圆推揉

（1）由上式，甲右手内旋，掌心向下向前推按乙之头面，沉肩坠肘，右膝前弓。乙以右手粘住甲之右腕，松腰坐胯，上体左转，把对方之力引向左肩，手心对肩井；复上体右转，右手沾引甲之右手向右肩前运行，同时翻右手，使手背对右肩井，下肢姿势不变，上体保持中正安舒。（图8-10、图8-11）

图8-10

图8-11

（2）上动不停，乙屈膝前弓，右手向前推按甲之头面。甲屈膝后坐，上体左转，把乙之右手引向自己左肩，手心对肩井；复上体右转，右手沾引乙之右手背向自己右肩前运行，同时翻手，使手背对自己右肩井。（图8－12、图8－13）

图8－12

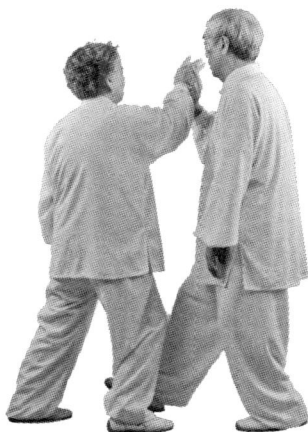
图8－13

如此不停往返，甲进（推）乙退（化），乙进（推）甲退（化）。双方均不可用力，只用意念沾粘连随，不丢不顶。

右式练完后，再换练左式，动作要求相同，惟方向相反。

立圆推揉

单人单手立圆推揉

1. 由预备式开始，右手立掌向前上方斜推，掌心朝前，大指指甲对鼻尖；随即掌心转向内，手心斜向上，沉肩坠肘，大指肚对鼻尖，目视食指尖方向；随即左掌自然抬起置于右肘内侧。随即右足前移，足跟着地，足尖翘起；左腿屈膝下蹲，重心完全寄于左足，右足能抬而不抬，上体中正安舒，尾骶骨对正左足跟，收腹溜臀。想象自己右腕与对方右腕相贴。（图8－14～图8－17）

图 8 - 14   图 8 - 15   图 8 - 16   图 8 - 17

2. 由上式，右膝前弓。同时右手内旋，手心外。想象翻手向对方头面扑按，左掌同时向后摆动，以助前推之力。（图 8 - 18）

图 8 - 18

3. 上式不停，设对方以右手向右上方引导，使我之右手落空，复立圆向我右胯进攻推按；我则顺势坐身吸胯右转，以右手引对方进攻之手于右胯外侧落空。对方必坐身抽手，我复再借势，立圆向其面部进攻推按。如此反复练习。（图 8 - 19 ~ 图 8 - 21）

图 8 – 19 　　　　　　图 8 – 20 　　　　　　图 8 – 21

4. 练习一定时间或次数后，再改为反方向立圆练习。即下肢姿势不变，惟手之运动方向改为由上向下推按对方腹胯，对方引化后推我之头面。(图 8 – 22 ~ 图 8 – 24)

图 8 – 22 　　　　　　图 8 – 23 　　　　　　图 8 – 24

右式立圆正反方向练一定时间或次数后，右足收回向左足靠拢，收式。

左式练习同右式，惟方向相反。

双人单搭手立圆推揉

1. 单搭手法

动作与上述平圆推手相同。

2. 立圆推揉

（1）由上式，甲以右手掌缘下切乙腕，随之以手掌向乙面部推击。（图8－25）

（2）乙上体右转，屈膝坐胯，旋腰转脊，右掌背贴粘甲之右掌向右上方化引，使之落空；随即向右前下方推击甲之腹胯，右膝前弓。（图8－26、图8－27）

（3）甲吸右胯，化乙推劲，复举臂上提，再回推乙之头面。如是反复循环练习。（图8－28、图8－29）

图8－25

图8－26

图8－27

图 8 - 28

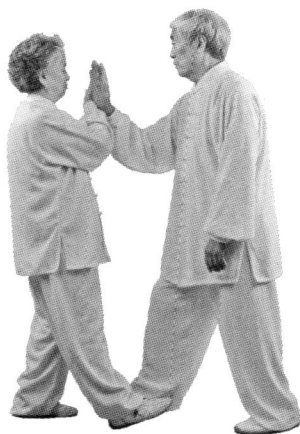

图 8 - 29

右式练完后，再接练左式。动作规范要求相同，惟方向相反。

第二节　四正、四隅推揉

四正推揉

单人双手四正推揉

1. 右掤

由预备式开始，右手立掌向前上方斜推，掌心朝前，大指指甲对鼻尖；随即掌心转向内，手心斜向上，沉肩坠肘，大指肚对鼻尖，目视食指尖方向；随即左掌自然抬起置于右肘内侧。随即右足前移，足跟着地，足尖翘起；左腿屈膝下蹲，重心完全寄于左足，右足能抬而不抬，上体中正安舒，尾骶骨对正左足跟，收腹溜臀。随之右腿屈膝前弓，左腿伸直，成右弓步。这时右掌掌心转向前方。眼看右掌食指尖，心口窝找左

手大指，命门穴找右胯之环跳穴。（图8－30、图8－31）

图8－30

图8－31

2. 左挤

接上式，步法不变，右掌以小指引掌向下降落，至与肘尖相平，掌心向内，指尖向左；待前臂于胸前屈成90°时左掌向前移动，以腕贴于右臂弯上缘为度，掌心向外，指尖向上。眼神顺左掌食指上方平远视。重心在右脚，意在夹脊（身柱穴）。（图8－32）

图8－32

3. 左捋

接上式，右掌以小指引导向前下方移动至臂舒直之后，右掌心翻转向上（意想托着对方左肘），随即左掌以食指引导向左后上方划眉移动，右掌相随，至左臂舒展至左掌食指之商阳穴遥对左额角为度。两掌相距约 10 厘米，掌心均向外，指尖斜向上。同时，左膝松力，往后坐身，体重移于左腿；右腿舒直，足跟着地，足尖翘起，形成左坐步式。眼神注视左掌食指尖，意在左掌心。（图 8 - 33 ～图 8 - 35）

图 8 - 33　　　　　　　图 8 - 34　　　　　　　图 8 - 35

4. 右按

接上式，步法不变。眼神从左手食指移到右手食指，重心仍在左腿。同时，松肩坠肘，两掌间距不变，自动向下降落，向后转动。身体亦随两掌向右转动，待转向正前方时，两臂微屈，两掌心向下，横于胸前，左掌与两乳相平，右掌与肚脐相平。眼神仍注视右食指尖，意在膻中穴。（图 8 - 36）

5. 右掤

接上式，右腿前弓，左腿舒伸。两掌随势同时向前平伸，掌心朝前。眼看右掌食指尖，心口窝找左手大指，命门穴找右胯之环跳穴，成右掤

式。（图 8 - 37）

图 8 - 36

图 8 - 37

如此按上述动作规范反复循环练习，练时要想象是在与对方两手沾粘推化，不丢、不滞，注意神意。

右式练完后，可改练左式。左式与右式动作相同，惟方向相反。

双人双搭手四正推揉

双人双手四正推揉法是两个人在推手时用掤、捋、挤、按四法，向四个正方向周而复始地做互相推揉运动。

1. 双搭手

甲乙两人对立，右足前迈，足跟着地，足尖翘起，左腿屈膝下坐。二人均伸右手，腕前相贴，手心斜向上，左手轻轻扶在对方肘部，上体中正安舒。（图 8 - 38）

图 8 - 38

2. 推揉

（1）甲挪乙捋

由上式，甲右手内翻，以手掌向对方面部挪推，左手贴肘相随，屈右膝前弓，意想命门找右环跳。乙顺势后坐，上体右转，右手沾领对方挪推之手，以食指从左眉梢划向右眉攒，左手抉肘相助，使对方挪劲落空。（图8-39、图8-40）

图8-39

图8-40

（2）甲挤乙按

由上式，甲之挪手落空，顺势折右臂前挤；同时以左手腕置于右肘上方以助挤势，意想身柱穴找前脚之涌泉穴。乙同时吸左胯，上体左转，双手轻扶对方左肩右肘，俯身向左斜下看，意欲入地三尺，使对方挤势落空。（图8-41、图8-42）

图8-41

图 8 – 42

（3）逃手托肘

由上式，甲之挤势落空，速抽右手上托乙方左肘。（图 8 – 43）

图 8 – 43

（4）转腰圈挪

乙左肘受制，速坐胯松腰，使对方托肘之手不利，随对方后撤之意左手向甲头面挪推。甲随坐胯向左转身，以捋破之。（图 8 – 44、图 8 – 45）

如此反复循环推揉，练完右式可接换练左式。左式动作与右式相同，惟方向相反。

图 8 - 44

图 8 - 45

3. 收式

左右式练完后，前脚收回，双方双手脱离收至大腿两侧即可。

四隅推揉

单人双手四隅推揉

1. 由预备式开始，重心左移。同时右手螺旋前伸，手心斜向上，大拇指肚对鼻尖；左手置于右肘内侧，手心斜向下，松肩垂肘。随即左腿屈膝下蹲，右足前迈，足跟着地。目视右手食指方向。随之右腿屈膝前弓，左腿舒直，形成右弓步。同时两掌翻转向前扑按。（图 8 - 46、图 8 - 47）

2. 由上式，重心后移成左坐步式，右肘找左膝。复上体右转，右手上提至虎口贴近耳门，左手随移至前下方，两掌掌心均向外。随即右腿前弓，左手立掌下按，右手姿势不变，随势以意下贯，意想双手沾闭对方右肘，向其右胯处推逼。目视左手方向，使其处于不利之势。（图 8 - 48 ~ 图 8 - 50）

图 8 – 46

图 8 – 47

图 8 – 48

图 8 – 49

图 8 – 50

3. 上式不停，重心后移，左腿屈膝坐胯。同时，右肘找左膝，臂外旋，掌心斜向上，左手随移至左胸前，掌心向外，再上体右转，重复练习。（图 8 – 51 ～图 8 – 53）

图 8 - 51   图 8 - 52   图 8 - 53

4. 上述动作是意想双方各推按对方右隅角一次（也可如是做多次重复循环练习）。然后想象双方以双手向左画一平圆，换手再改为向左隅角推按。即上动不停，重心后移，上体微左转，两手随势由左向右画圆，左手内旋移至左肩前上方，右手臂外旋随势移至腹前，两掌心均向左，随即右膝前弓，两手如是随势做左侧的四隅推揉。（图略）

打完左隅角再画圆换手打右隅角，如此反复循环练习。此式腰腿运动幅度较大，练此式时要特别注意旋腰与坐胯的协调配合。

双人双搭手四隅推揉

1. 双搭手

甲乙对立，右手腕相搭，左手相互扶肘。右足前迈，足跟着地，足尖翘起，左腿在后，屈膝坐胯，上体中正安舒。（图 8 - 54）

2. 推揉

（1）甲提按

由上式，甲右手内旋上提，左手

图 8 - 54

扶乙肘相助，随即右膝前弓，双手控制乙之右臂，向乙右腹胯处斜推。

（图 8 - 55）

图 8 - 55

（2）乙掩肘化甲

乙吸左胯抽身，右肘臂外旋掩肘找左膝，卸甲之力，引甲右手落空。

（图 8 - 56）

图 8 - 56

（3）乙提按

上式不停，乙借势再上提右手（左手扶甲肘相助）至右耳门，复再如上法按原路线向甲右腹胯处推按。（图8－57、图8－58）

图 8－57

图 8－58

（4）甲掩肘化乙

甲吸左胯抽身，右肘臂外旋掩肘找左膝，卸乙之力，引乙右手落空。（图8－59）

图 8 - 59

3. 画圆换手

上述甲推乙化、乙推甲化可反复多次循环练习，也可以推一个循环，就换手推另一侧隅角。欲换手推另一侧隅角的方法是：甲由上式左转身，引乙双手一起画一平圆，由右手相搭换为左手相搭。（图 8 - 60～图 8 - 62）

重复上述动作，即甲提按，乙掩肘化甲；乙提按，甲掩肘化乙。其动作规范要求相同，惟方向相反。（图略）

图 8 - 60

图 8 - 61

图 8 - 62

4. 收式

上述动作反复循环练习，收式时，先恢复双搭手式，然后前脚收回，甲乙两手脱离，回到大腿两侧，收式完成。

第三节　双人活步推揉与大捋推揉

双人活步推揉

双人活步四正推揉和活步四隅推揉主要是练习手脚的配合，在手上进行八法变化时脚下也必须协调一致地进行配合。为了节省篇幅，读者可自己在实践中去体悟。

单人大捋练法

与"吴式太极拳八法的连环练法"相同，不赘。

双人大捋推揉

预备式。甲乙均并步站立，伸右手相搭，左手扶对方肘（图8－63）。此为双人大捋推揉练法之预备式，与前面所说之单人练拳时的预备式不同。

图 8－63

甲掤乙捋

甲：右脚向前迈进一步，以右脚后跟与乙之左脚后跟外侧相互贴近（此称套锁）。与此同时，以左手扶住乙之右肘（始终不要离开），以右手的拇指肚朝乙的鼻尖推去。眼看自己的右手食指尖，两腿成右弓步。

乙：左足往左后方撤退一大步，体重仍在右腿。在后撤之同时，以右手沾甲右腕，左手扶其右肘，往右后上方回捋。眼神注视右手食指指尖。（图8－64）

图8－64

甲挤乙按

甲：将左足向前迈进一大步，以左脚跟与乙之右脚跟贴近，随之屈膝前弓，右腿向后伸直，重心在左腿，两腿成左弓步。与此同时，以右手手背贴住乙方前胸，并以左手脉门扶在右臂弯处，向前挤出。眼神向前平视。（图8－65）

乙：当甲之左脚迈进一步之同时，将右脚收回，靠近左足，再向右后方撤一大步，重心仍在左腿，成左弓步。与此同时，以左手沾住甲之左肘，以右手轻轻扶按甲之左肩，往自己左膝上方按。两眼注视左手食指指尖。（图8－66）

图 8 - 65

图 8 - 66

甲肘乙採

甲：将右脚向乙裆内直进一步，随之屈膝前弓，左腿向后伸直，重心在右腿，成右弓步。与此同时，右手大臂曲折，右手心靠近右肩，并以左手大指朝天，中指指尖抵住右臂弯之尺泽穴。两眼顺右肘尖的上面往前平远视。

乙：当甲进右步之同时，左右臂前后分展，随即立肘，屈膝下坐，重心寄于右足，左小臂立于甲右大臂外侧，封住甲肘。甲肘欲向前冲击，乙上体右转，目视右肩井，使甲肘落空（图 8 – 67、图 8 – 68）

图 8 – 67

图 8 – 68

甲靠乙捌

甲：当身体被乙采住向前倾时，以左手扶乙方的右肘，右手扶乙方的右手腕，两手同时向乙方的头后上方掤出。随即两臂放松，朝自己之右后方下落——两手心均向下，两手虎口前后遥遥相对，即左手靠近右肋，右手靠近右胯，使右手掌跟与左右两脚的脚后跟成等边三角形。在两手由前往右后方移动之同时，左肩朝乙方前胸撞击，左脚也往左侧横移半步。眼神注视左食指尖。（图8－69）

乙：当右手臂被甲掤起后，即顺其方向从头顶落至身后，再从身后落至身前，以右手採甲之左肘，往左沉落；左手同时先移到右腋下，然后用左手叼住甲之左手腕，两手一起往左膝上方按压。随即左脚蹬地腾起，两手向左移动，使右手靠近左肋，左臂朝左后伸直，两手心均朝下。与此同时，左脚由甲方右腿的外侧移到内侧，再往右移至身之右前方，垂悬不落。两眼注视左手食指。（图8－70）

 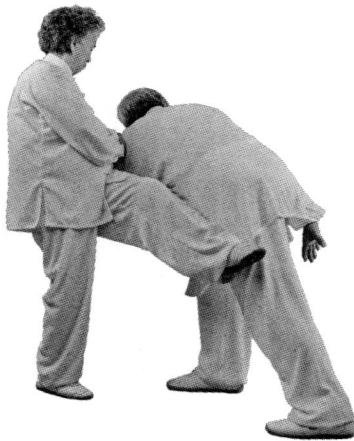

图8－69   图8－70

以上是甲进乙化（甲以掤、挤、肘、靠为进攻之法，乙以将、按、採、捌为化解之法）之八种方法，若再返回的话，即乙进甲化为左式。如接上式练，则接乙掤甲将。

乙：将左脚落于甲右腿内侧，随之左膝微屈前弓，右腿向后伸直，重心在左腿，形成左弓步。同时，以左手仍扶甲之左手腕，右手仍扶其左肘，往右前上方圈掤。眼神注视左手食指尖。（图8－71）

甲：将右腿往右后方撤一大步，重心仍在左腿，成左弓步。与此同

时，用两手分别扶乙之左手左肘，朝左后方捋出。眼神注视左手食指指尖。(图8-72)

图 8-71

图 8-72

由此往下"乙挤甲按""乙肘甲採""乙靠甲挒"等手法，均与右式动作相同，惟方向相反。如此反复练习，循环无端，要求熟练，方能进入妙境。

换手换步法：进攻者以肘、靠二法连续重复多遍均可；化解者用採、捋二法连续练习多遍均可；如进攻与化解结合练习，即可以由原左式变为右式，或由原右式变为左式练习，其余类推。

第四节　采浪花

亦名烂采花。此种推手方法没有定式，双方随意进退推化，彼进我退，彼退我进；彼攻我化，彼化我变，心想势成，如在大海中游泳，乘势借力，随波逐流，随心所欲，随遇平衡，以达到动即是法、应物自然、随曲就伸的高级境界。但习者必须在八法、定步、活步练得规范、纯熟后方可练习。切不可好高骛远，急于求成，那样将事与愿违。下功夫练好基本功，由招熟而渐悟懂劲，由懂劲而阶及神明，自然水到渠成。如同书法，如不认真临摹古帖，开始就求成速写，写一辈子也不会有成就。对此，习者不可不知。

第九章 八法病说

　　八泫歌诀多是谈太极八法的用法，而陈鑫所著《搊手三十六病》，则提示了太极八法在使用中容易出现的各种问题。这些问题，我们必须予以足够的重视。这些问题是：

　　1. 抽：是进不得势，知已将败，欲抽回身。

　　2. 拔：是拔去，拔回逃走。

　　3. 遮：是以手遮人。

　　4. 架：是以胳膊架起人之手。

　　5. 搕打：如以物搕物而打之。

　　6. 猛撞：突然撞去，冒然而来，恃勇力向前硬撞；不出于自然，而欲冒然取胜。

　　7. 躲闪：以身躲过人手，欲以闪赚跌人也。

　　8. 侵凌：欲入人之界里而凌压之也。

　　9. 斩：如以刀斫物。

　　10. 搂：以手搂人之身。

　　11. 揖（mào）：将手抵下去。

　　12. 搓：如两手相搓之搓，以手肘搓敌人也。

　　13. 欺压：欺是哄人，压是以我手强压住人之手。

　　14. 挂：是以手掌挂人，或以弯足挂人。

15. 离：是去人之身，恐人击我。

16. 闪赚：是诳愚人而打之。

17. 拨：是以我手硬拨人。

18. 推：是以手推过一旁。

19. 艰涩：是手不熟成。

20. 生硬：仗气打人，带生以求胜。

21. 排：是排过一边。

22. 挡：是不能引，以手硬挡。

23. 挺：硬也。

24. 霸：是以力后霸也。如霸者以力服人。

25. 腾：如以右手接人，而复以左手架住人之手，腾开右手以击敌人。

26. 拿（音 ná，牵引——引者注）：如背人之节以拿之。

27. 直：是太直率，无缠绵曲折之意。

28. 实：是质朴，太老实，则被人欺。

29. 钩：是以脚钩取。

30. 挑：是从下往上挑之。

31. 掤：以硬气架起人之手，非以中气接人之手。

32. 抵：是硬以力气抵抗人。

33. 滚：恐已被伤，滚过一旁，又如圆物滚走。

34. 根头棍子：是我捺小头，彼以大头打我。

35. 偷打：不明以打人，于人不防处偷打之。

36. 心摊：艺不能打人，心如贪物探取，打人必定失败。

以上三十六病，或有全犯之者，或有犯其四五，或有犯其一二者。有犯干处，皆非成手；手到成时，无论何病一切不犯。益以太和元气，本无乖戾故也。然则搕（音 kā）手将如之何？亦曰：人以手来，我以手引之使进，令其不得势击，是之谓

"走"。走者，"引"之别名。何以既名"引"，又名"走"？引者，诱之使进；走者，人来我去，不与顶势，是之谓"走"。然走之中，自带引进之劲（劲纯者引之使进，不敢不进；进则我顺人背，而擒纵在我）。此是拳中妙诀，非功久不能也！

注：上述"三十六病"文中有单字二十五目。即：

抽、拔、遮、架、斩；

搂、揭、搓、挂、离；

拔、推、排、挡、挺；

霸、腾、拏、直、实；

钩、挑、掤、抵、滚。

双字十目。即：

搕打、猛撞、躲闪、侵凌、欺压、闪赚、艰涩、生硬、偷打、心摊。

四字一目。即：根头棍子。

第十章　吴式太极拳散手

吴式太极拳的防身制敌方法很多，归结起来不外乎"点、打、拿、发、摔、卸"六种。

点就是点对方的穴位，打就是打击对方的要害部位，拿就是擒拿对方的反关节，发就是把对方投掷发放出去，摔就是把对方摔倒在地，卸就是使对方的关节脱臼。

这六种制敌方法，如何有效使用，除了平时要一招一式地反复磨练以外，还必须经常与不同的人进行实战练习；同时还要认真遵循、研究、体悟"十字要诀"，才能使技艺很快上身，才能不断提高技艺水平。

"十字要诀"就是"中、松、旋、空、合、沉、稳、活、灵、畅"。这十字要诀既是吴式太极拳的演练特点，也是防身抗暴时必须注意的事项。

下面，我们先来说说"十字要诀"，然后再对六种制敌方法中的前五种——进行解说。

中：太极拳无论是演练还是在实战时，其招招式式都要强调中正安舒，重心垂直在一条腿上，不偏不倚。

松：太极拳无论是演练还是在实战时，其招招式式都要强调周身骨节断开，精神放松不紧张，脏腑放松不努气，肌肉放松不用力。

旋：太极拳无论是演练还是在实战时，其招招式式都要强调强化、体悟关节的圆运动，随曲就伸，毫无滞点。

空：太极拳无论是演练还是在实战粘时，其招招都要强调排除一切杂念，完全顺其自然，毫不勉强，用意不用力。

合：太极拳无论是演练还是在实战粘时，其招招式式都要强调强化内外三合，即手与足合、肘与膝合、肩与胯合的外三合和心与意合、意与气合、气与力合的内三合，要处处顺其势，合其力。

沉：太极拳无论是演练还是在实战粘时，其招招都要强调时时着意丹田，做到上虚下实，上如行云，下如流水，气不上浮，血不上涌。

稳：太极拳无论是演练还是在实战粘时，其招招都要强调每一移动都要先稳定好重心，做到以心行意，以意导气，以气运身，以身助神，以神领形，高低起伏，身不能摇晃，头不能歪斜，始终保持水平运动。

活：太极拳无论是演练还是在实战粘时，其招招都要强调周身内外如大地回春，生机盎然，心旷神怡，充满活力。

灵：太极拳无论是演练还是在实战粘时，其招招都要强调周身要像一台安着万向轮的机器，不管怎样运动，都能做到无往不利，像一把珍珠落在玉盘之中，毫不受力。

畅：太极拳无论是在演练还是在实战粘时，其招招都要强调动静虚实，屈伸开合，时时都要用意想到气血周流畅达四梢（血梢头发，筋梢指甲，骨梢牙齿，肉梢舌头）。神意气势要大无垠，小无形，要超其象外，天人合一。

下面我们来说说"点、打、拿、发、摔、卸"六种制敌方法的前五种，每种选出两个招式，进行练和用的介绍。至于第六种，我们暂且不谈。

第一节 点　法

弓步按掌点翳风

弓步按掌是吴式太极拳手挥琵琶式中的一个过渡动作，是专门用来点对方翳风穴的。翳风穴属于手少阳三焦经，位于耳后乳突前下方之凹陷中，为手足少阳之交会穴。因此处神经丰富敏感，关联头脑，且距耳后动脉较近，若突然受到重"点"，可产生剧痛，头晕，目胀，不能自控，失去自我平衡的能力。

练法

1. 预备式。两足平行自然站立，与肩同宽，周身骨节放松，两臂自然下垂，两掌心贴近两大腿外侧，气沉丹田，下颌微收，舌抵上腭，头顶项竖，目平视远方。（图9－1）

2. 左抱七星。意想"会阴穴"（二阴中间）向右下方移，使尾骶骨与右足跟上下对正，鼻子尖与右足大趾上下对正。然后再松左肩找右胯，使左掌边外旋边向左脚前上方抬起；同时右掌坐腕向右后方沉坠——到左掌心朝向后方、大拇指肚与鼻尖前后对正时，左脚前移，足跟着地，足尖翘起，成坐步式。同时右掌自动向胸前移动，至中指指尖贴近左臂弯处为止，掌心朝前下方。松左肩坠左肘，重心在右腿，意在右肩。两眼顺左掌大指上方向远平视。（图9－2）

3. 左掌平按。上体半面右转，左膝前弓，重心左移。同时，右掌翻转朝上，想象向左足下插伸。上体再微微左转，左掌臂内旋，横于胸前，使手心向下成抱球状。目视左掌。（图9－3）

4. 骤点翳风。上动不停，右掌突然反掌向右前方伸展，力透中指，左掌亦同时向左后沉带，意在左手。（图9－4）

图9－1

图9－2

图9－3

图9－4

用法

1. 设对方以右手向我击来，我速重心右移，屈膝坐胯，稳定重心；同时以左肘轻沾贴其右肘，右手腕轻沾其右腕，把对方肘臂拿直，使其不能移动。（图9－5）

图 9 - 5

2. 在对方右臂受控不得力欲行摆脱时，我复左臂内旋向下翻压对方右臂；同时重心移于左腿，左腿前弓，成左弓步。（图 9 - 6）

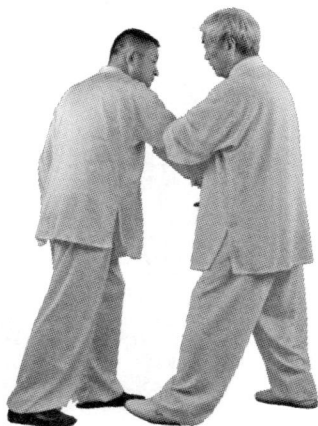

图 9 - 6

3. 在对方左臂受压欲行抽逃时，我右臂随之外旋，击敌下颌。（图 9 - 7）

4. 如对方拧颈躲避，我速以右手内旋反点其右耳侧的翳风穴。（图 9 - 8）

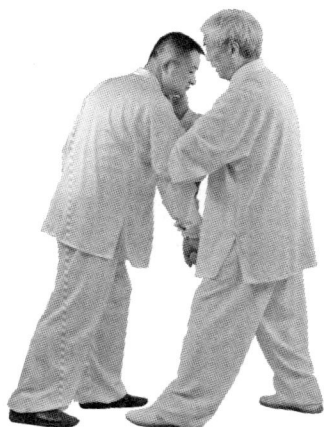

图 9-7

图 9-8

以上点翳风穴招式可左右换方向反复练习，直至纯熟。

展臂飞脚踢章门

展臂飞脚是吴式太极拳中的左右分脚之招式，其技击含义是用足尖踢点对方的章门穴。章门穴属足厥阴肝经，系足太阴、厥阴之交会点，肝之募穴，脏会章门，位置在第一游肋前端，屈肘合腋时正当肘尖处，此穴内有第一肋间动静脉，稍下方为第一肋间神经，接近肝脾。骤击此穴，会冲击肝脏和脾脏，破坏横膈膜，阻气伤血，严重者立刻毙命，属于致命穴位。

练法

1. 左弓步双掌交叉。由预备式，左足向左前方上步，屈膝前弓，重心左移。两掌于胸前交叉，右掌在外，左掌在内，鼻子尖与膝盖尖、左大趾尖上下垂直。（图 9-9）

图 9-9

2. 提膝两臂高举。由上式，左膝直立，右膝上提。两掌交叉上举，眼神顺右腋下向右前方看。（图9-10、图9-11）

图9-10

图9-11

3. 展臂飞踢。由上式，两臂从头前上方向两侧分展，掌心向内，两掌成卧立掌。以左掌指端催动右足尖向右掌下方水平踢点，脚面蹦直，足大趾尽量外旋，足心尽量向内，力贯足尖，着意左掌中指。目视右足尖。（图9-12）

图9-12

用法

1. 设对方以右手向我击来，我速上左足，屈膝前弓，两臂于胸前交叉，架住对方右臂，使对方进攻之手落空。（图9-13）

图9-13

2. 对方在进攻落空，欲抬手变招再击时，我速提膝展臂起脚踢点对方右肋下之章门穴，对方必被踢伤或仰倒。（图9-14、图9-15）

展臂飞脚踢章门（穴）一式可以左右换方向反复练习，直至纯熟。

图9-14

图9-15

第二节 打 法

弓步折肘打胸肋

胸肋为脏腑屏障，但本身防护的肌肉层较薄，且神经丰富，受到击打，轻者疼痛憋气，失去抵抗能力；重者骨折伤及内脏出血，危及性命。

练法

1. 左掌前伸。由预备式，重心右移，左掌前伸成卧立掌。目视左掌。（图9－16）

2. 右弓步折肘。上右步，屈膝前弓成右弓步。同时，右掌向前悠伸，复折肘找右肩，左掌指指于右臂弯曲处。目视肘尖方向。（图9－17）

图9－16

图9－17

用法

1. 设对方以右手向我胸部击来，我速重心右移，伸左掌于对方右臂

内侧向前虚穿，使对方右手落空，胸部受到威胁。(图9-18)

2. 对方右手进击落空，并受到我之左掌威胁，必缩身后撤，我速乘势进右足，屈膝成右弓步，右臂同时折右肘，以肘尖顶击对方胸肋，出其不意，使对方受到重伤或翻跌。(图9-19)

图9-18

图9-19

弓步折肘打胸肋一式可左右换方向反复练习，直至纯熟。

肘底看捶击下颌

下颌乃人体要害部位，受到重击会伤及颈椎，可以致残致死，一般不可重击或骤击。

练法

1. 左抱七星式。由预备式，重心右移，上左步，左足跟着地，足尖上翘。同时，左掌外旋，由右向左移至胸前，手心向内，大指对准鼻子尖，松肩坠肘，右掌同时上抬至中指贴近左臂弯。（图9－20）

2. 弓步后将。左掌内旋变掌心向下，上体左转后将，右掌随转体之势向前下伸按，掌心向下，掌指向左，身向前倾，两手向后将，成左弓步式。（图9－21）

3. 左拳上冲。身体后坐，重心移于右腿，左足尖翘起，成右坐步式。同时，左手握拳，臂外旋，沉肩坠肘于胸前向前上冲击，拳心向内，中指对鼻尖，拳面与下颌平；右手握拳，拳眼置于左肘下方。（图9－22）

图9－20　　　　　图9－21　　　　　图9－22

用法

1. 设对方左手向我击来，我速重心右移，出左手轻沾其左腕外侧，右手亦同时移至左肘外侧，使对方进攻之手落空。（图 9 – 23）

2. 在对方进击之左手落空不稳时，我突然俯身抓捋对方左手腕向左胯后侧捋带，右掌于对方大臂之上下按助捋。（图 9 – 24）

3. 在对方被捋前倾，向后用力反拉时，我左手突然松手握拳，向斜上方冲击对方下颌，右手置于左肘下，握拳，拳眼对着左肘尖，收腹翘脚以助左拳之力。（图 9 – 25）

肘底看捶击下颌一式可左右换方向反复练习，直至纯熟。

图 9 – 23

图 9 – 24

图 9 – 25

第三节　拿　法

左右云手拿肩臂

太极拳之云手，包含着两种技击方法，一是击面，一是拿肩；击面是假，拿肩是真。

练法

1. 左掌上提。由预备式，左足向左横移。同时左掌上移至胸前，掌心向内，掌指与眉齐，松肩坠肘，大指对鼻尖。目视左前上方。（图9－26）

2. 左掌外旋。上动不停，左转身，左掌外旋，向左云转至掌心向外，右掌沿膝前随云至左膝外侧。（图9－27）

图9－26　　　　　　　　　　　图9－27

3. 左掌平按。上动不停，起身左掌下按，右掌随势外旋上提至胸前，掌指向上，掌心向内。同时右足向左足靠拢。（图9-28）

4. 右掌上提。上动不停，右掌上提使掌心向内，上提右转，右掌内旋随转至右后方，左掌随动。（图9-29）

5. 右掌平按。上动不停，再移左足。右掌平按，左掌上云。左右重复练习。（图9-30）

图9-28　　　　　　　图9-29　　　　　　　图9-30

用法

1. 设对方以右手向我正面击来，我上右步，左手按其腕，右手向对方右腋下穿伸。（图9-31）

2. 随即上体右转，右掌内旋向上，与左掌上下相冲，拿其右臂。（图9-32）

3. 上动不停，上体继续右转，右掌继续外旋沿其臂之内侧用掌心反手虚击其面，使对方肩关节受伤或应手跌翻。（图9-33、图9-34）

图 9 - 31

图 9 - 32

图 9 - 33

图 9 - 34

旋腕抱球拿肩肘

吴式太极拳的旋手腕和抱球式全是拿法,其起落和过程均可形成拿式。现随意选取右旋腕式(揽雀尾第七动之右手后掤)和左抱球式(揽雀尾第六动右掌前掤之过渡动作)相结合所形成的擒拿肩肘之法介绍如下。

练法

1. 右进右提。由预备式，上右足。同时，右掌上提，左掌前移，两掌虚和成抱球状。（图9－35）

2. 立肘外旋。上动不停，重心前移，上体左转，成右坐步式。右臂同时立肘外旋，掌心向上，掌指向后，左掌随移至右胸前。（图9－36）

3. 两掌合抱。上动不停，重心左移成左弓步。右掌同时向胸前外旋上托，掌指向前，掌心向上，置于左腋下；左掌亦同时内旋上提至左肩前，掌心向下，两掌上下相合。（图9－37）

图9－35　　　　　　　图9－36　　　　　　　图9－37

用法

1. 设对方以右手掫拿我之右手指，我则顺势松右肩坠右肘，仰掌，进腕，与其右腕相合，以化其力。（图9－38）

2. 上动不停，右掌立肘外旋，使对方失重前倾。（图9－39）

3. 上动不停，我之右掌向对方肘下旋转，同时左掌顺势向上贴扶对方右肘，两掌上下相合，使对方腕、肘、肩均被拿死，疼痛难忍，失去抵抗。（图9－40）

图 9 – 38

图 9 – 39

图 9 – 40

第四节　发　法

吴式太极拳发法很多，比如左右抱七星式、左右打虎式、挽弓射虎式等，下面简单介绍两式发法。

左抱七星翻手发

练法

1. 左抱七星。由预备式，重心右移，左脚前迈，足跟着地，足尖上翘。左右掌同时外旋，左掌沉肩坠肘前伸，掌心斜向上，拇指指肚与鼻尖前后对正；右掌置左肘内侧，掌心向内，大指与心口窝相对。目视左掌食指。（图9-41）

2. 弓步上掤。左膝前弓成左弓步。左右掌同时内旋，翻掌前推，左掌在上，大指指甲盖与鼻尖相对；右掌在后，置于左掌内侧。上虚下实，松腰坐胯。右腿向后舒伸，鼻尖、右膝盖尖、右脚尖上下垂直。目顺左手食指方向前视。（图9-42）

图9-41

图9-42

用法

1. 设对方用右手向我正面击来，我速重心右移，左脚前迈，足跟着地，足尖翘起；同时用左肘内侧轻沾对方右肘外侧，右手用腕部轻沾对方右腕内侧，使对方右臂被拿，不能弯曲。（图9-43）

2. 上动不停,对方右臂击我落空,且被拿不利,欲行调整之机,我突然翻掌,左膝前弓,左掌虚击其面,右掌于肘下向前拥推,以场势逼敌后仰、翻跌。意在命门穴找左环跳穴。(图9-44)

左抱七星翻手发一式可左右换方向反复练习,直至纯熟。

图 9-43

图 9-44

左右打虎拧身发

练法

1. 弓步前伸。由预备式，右足向右前方迈出一大步，屈膝前弓。两手同时向右前上方伸够，右掌在前，左掌在后，两掌心均向前下方。（图9－45）

2. 回身打虎。上动不停，回头向左后方看，两拳向左后平移，追眼神。同时右足内扣，重心移于右足，成左虚步。（图9－46）

图9－45   图9－46

用法

1. 设对方从我身后进击，我速上右步，两掌前伸，使对方进攻落空。（图9－47）

2. 上动不停，在对方击我不中，前倾失中未稳之际，我速拧身回头，以双拳向左后方回击，对方会被我之离心力摔出翻倒。（图9－48）

图 9 – 47

图 9 – 48

左右打虎拧身发一式可左右换方向反复练习，直至纯熟。

第五节　摔　法

吴式太极拳的摔法也很多，比如野马分鬃、斜飞式、翻身撇身捶、披身踢脚、玉女穿梭、单鞭、上步七星、退步跨虎、抱虎归山等，下面择两式摔法予以介绍。

野马分鬃靠身摔

练法

1. 左掌下採。由预备式，重心右移，屈膝下蹲。左掌向右膝外侧插伸，右掌上托，左推至左耳外侧。（图9-49）

图9-49

2. 左足前迈。左足前迈，足跟着地，足尖翘起。目视正前方。（图9-50）

3. 左肩打靠。左腿前弓，重心移于左足，后腿舒伸，成左弓步。同

时两臂左上右下分展，右掌心对准右踝骨。回头看右掌中指方向。（图 9 - 51）

图 9 - 50

图 9 - 51

用法

1. 设对方以左掌击我面部，我速蹲身，左掌向右膝外侧插伸，右掌自然向上轻托对方左肘，随势向左推至左耳外侧，使对方的进击落空。（图 9 - 52）

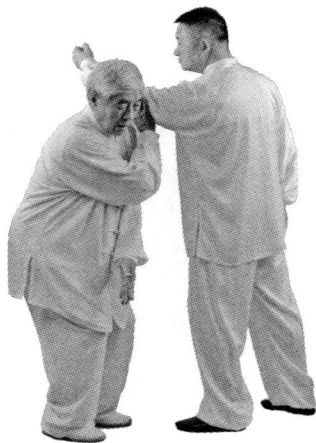

图 9 - 52

2. 同时上左足，锁住对方双脚。（图9-53）

图9-53

3. 上动不停，松右肩开右胯，沉右肘，左腿屈膝前弓，左肩向前贴住对方左腋下，随即两臂分展，眼看右后方，右手追眼神，使对方跌出。（图9-54）

野马分鬃靠身摔一式可左右换方向反复练习，直至纯熟。

图9-54

拗步斜飞进步摔

练法

1. 左掌斜掤。由预备式，重心左移，上右步成右弓步式。同时，两臂内旋，分别向左前上、右后下分展，成斜飞状。（图9－55）

2. 左掌下捋。由上动，左掌向下按到右膝外侧，指尖向下，掌心向右；同时，右掌上抬向左推移至左耳外侧。目视左前方。（图9－56）

图9－55 　　　　　　　　　　图9－56

3. 左脚前伸。上动不停，左膝松力向左前方伸出，足跟着地，重心在右足，成右坐步式。上体直立，目视左前方。（图9－57）

4. 左肩左靠。上动不停，两肘松力，右掌以小指引导，向右后下方松垂，左掌食指引导，向左上提伸。左足落平成左弓步，左手腕与左肩平，掌心斜向上，右掌向下虚採，掌心与足外踝上下相对。目视左掌食指方向。（图9－58）

图 9 - 57   图 9 - 58

用法

1. 设对方以右掌击我面部，我则速上右步，屈膝前弓，同时左臂内旋，以掌心沾截其右臂弯，右掌后撑，意想按地。（图 9 - 59）

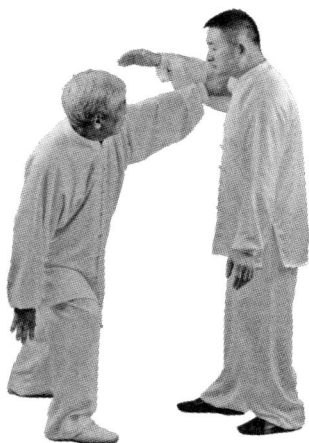

图 9 - 59

2. 对方打我左脸被截，复又以左手打我之右脸，我速以右掌向上向左托推其左肘至左耳外侧，左掌下沉下压，使对方左右两掌的进击均被化拿。（图 9 - 60、图 9 - 61）

图 9 - 60

图 9 - 61

3. 上动不停，左足前迈，锁住对方后腿。（图 9 - 62）

4. 上动不停，在对方手足均被我控制以后，速屈左膝前弓；左臂于对方左肩下向斜上方伸举，右手向右后方伸展，对方必向后跌出。（图 9 - 63）

拗步斜飞进步摔一式可左右换方向反复练习，直至纯熟。

图 9 - 62

图 9 - 63

下编　王培生推手与八法

第十一章　推手指要

第一节　什么是太极拳推手

太极拳推手和盘架子是太极拳的两个组成部分。盘架子为拳之体；推手为拳之用。学会了盘架子，还要学会推手，这才算是体用兼备。

"推手"又名搭手、揭手、打手、靠手或揉手，是太极拳和其他一些拳术中的一种特殊的训练方法。其目的不是要以力来制服对方，甚至不是为了取胜，而是要锻炼和提高自身的感觉能力，这就是《太极拳论》中所说的"懂劲"。太极拳术以懂劲为要诀。懂劲初步是使皮肤富于感觉力。此感觉力的锻炼方法，就在两人的肘、腕、掌、指互相搭着循环推动之中，以皮肤与皮肤接触、压迫时的细微感觉，察知对方用力的方向大小、真假虚实及经过的方位等信息，以便身体做出准确而迅速的反应。练习日久，神经系统的感觉就特别灵敏，并能粘走互助，对方稍微一动，自己就会知道对方发劲的目的和可能的变化，这样才算是懂劲。懂劲后愈练愈精。由此可见，推手目的是锻炼提高感觉能力。感觉之用，犹如"间谍"，所谓知己知彼、百战百胜，感觉即是知己知彼的工具。所以说推手的原理并不十分复杂。

盘架子主要是从练姿势中锻炼身体的平衡，就是不论怎样运动，也要始终保持身体重心的稳定。而推手则是在对方的推动逼迫下，仍不失掉自己的重心，相反，还要设法引动对方失去重心，这就比盘架子难了一步。在两人推手时，要时时刻刻注意自己的重心平衡稳定，同时要想方设法破坏对方的重心，使之失去平衡。

过去说："盘架子以求懂自己之劲；推手以懂他人之劲。"这话的意思是说，盘架子和推手都是要"懂劲"，达到知己知彼、百战百胜的目的。

在实践当中，无论练习推手或盘架子，都必须要守规矩，力求姿势、手法正确。推手时两腿的重心要分明，弓步要弓得够度，坐步要坐得扎实。身法和盘架子一样，力求中正安舒不偏不倚；手法要认真锻炼，必须把掤、捋、挤、按、採、挒、肘、靠等每一手法练得准确、纯熟。因此，对初学推手的人，只要求打轮（两人合作，即甲掤乙捋，甲挤乙按地按照掤捋挤按四字推动）。过去推一次手，需要打几百个轮或几千个轮，甚至打上几万个轮（由甲捋手开始计算，再至捋手时算一轮），待熟练之后，才可以问劲。推手时，视线的变动大体和练拳一样随手转移，要这样按规矩把动作姿势练得正确，没有偏差，养成习惯。有了好的基础，再进入高级阶段就容易了。

第二节　练习推手时应注意的问题

练习太极拳推手时应注意的问题，概括起来说主要有三个，即循序渐进、不丢不顶和勿犯"双重"。这三个问题，除第一个外，后两个都比较复杂，所涉及的具体问题也多。所以本书在一一指出这三个问题之后，还要对后两个问题进行反复深入的讨论。这点请读者朋友们加以注意。

练习推手时，第一个要注意的问题是循序渐进。这是个老生常谈的问题。要知道，功夫不是一天练成的，千万不能急于求成。推手有定步推手、活步推手、大捋、插肋、折叠和老牛劲及烂采花（采浪花）等之分，其中定步推手是推手的基本功夫。所以学推手应先从定步推手学起，所谓定步就是不动步，主要是后面的脚不允许移动，移动就算输招。因此，在练习推手时，只要求放长身手互相推逼，在被逼时只许扩大"坐身"的势子（即前脚虚步、后脚屈膝略蹲）以容纳对方的推逼，然后顺势化开，不许用劲拨开。被逼得实在化不开时，才许有顺势退步。如果退半步够了，只退半步，不许多退。在进退过程中始终不脱离与对方的接触点。照这样练久了，沾粘劲也就练出来了。有了相当功夫以后，再练折叠法（加大腰腿的活动范围）、大挒等，进一步增大腰腿功夫。

要循序渐进，就不能过早地问劲。俗话说"熟能生巧"，推手更是如此。而要做到熟，就要靠功夫的积累，功夫到了，才会逐渐懂劲；而只有真正懂劲之后，才会利用技巧去以小胜大、以弱胜强、以柔克刚，做到所谓"四两拨千斤"。拳谱所谓"四两拨千斤"之句，是指推手中能够得到最高效率的打法。要做到"四两拨千斤"，首先是要做到"不丢不顶"。这是我要说的第二个推手时要注意的问题。不丢的意思是不丢掉或者不离开，紧紧跟住对方。但是，在实际上要做到不是那么简单的。这里的"不丢"是用感觉去粘住对方的手臂，自己的手臂一面跟随，一面微微送劲，驱使对方陷入不利或者不稳的形势。这时，如觉对方没有反抗之力（即觉重里现轻）便可随时将其发出；如觉对方的接触点感到沉重发不动时，应及时将接触点微微一松，使对方感到一空，随即发之，可将其发出更远。这是利用"不顶"之法，先把对方拿起来，然后再用"不丢"之法将对方发出去。"不顶"二字，从字面上很好理解，似乎只要手上毫不用力，任凭对方摆布就行了。但实际上并不完全是这样，因为如果一味任凭对方摆布，自己就将处于被动的地位。我们一定要明白，"不顶"是一种主动的行为，而非被动的迁就。在推手时，能够接受对方的摆布是需要的，但同时还须用感觉来侦察、了解对方动作的虚实变化，然后以自己的动作去适应它。这就是说，"不顶"只是一种手段，只是一种谋略，而真正的目的是要克敌制胜。这才是"不顶""舍己从人"的真谛。

推手时第三个要注意的问题是勿犯"双重"之病。如遇到对方用力打来，立即还手抵抗，那就是违反了太极拳中最重要的也是最忌犯的"双重"之病（双重之病的具体讲解在后面）。像这种见招打招、见式打式的攻防手法是属于先天自然之本能，而太极拳是不采用这种手法的。

下面我就从太极拳的打法说起，围绕"不丢不顶"和勿犯"双重"这两个原则，来谈谈太极拳推手时应该注意的问题。

太极拳推手所采取的手段是以"先化后打"，而且在打击之前要造成"我顺人背"的形势，然后趁机追击，用力不多即可取胜。这就是拳谱中所说的，"人刚我柔谓之走"。在交手时，无论对方发出来的力是大是小，我们都要把它看作是"刚"，不和它对抗，而要以柔化为主，这就是"走"。所谓三十六计走为上策。拳论中有"我顺人背谓之粘"的话，意思是说，在自己想发招之前，首先要求自己"顺"，即得机得势；其次是使对手"背"，即别扭，背着劲，不得机不得势。交手时，如果要使自己身体由难受变为舒服，就必须按照拳谱中所说"身有不得机不得势处，必须于腰腿求之"的话去做。否则，便是舍近求远。这就是说，在推手时，当腰部感到难受不舒服，即背着劲时，"动一动腿"就解决问题了；如感到腿上背着劲，别扭、吃力、不舒服时，"动一动腰"也就解决问题了。若按这个要领去做，便会使难受变为舒服，也就是由"背"转为"顺"了。同时我们应该清楚，当本身感到得机得势，身上特别舒服时，不用问，对方正处于不得势，身上感到难受、别扭、不舒服时，即背着劲。"我顺人背谓之粘"就是说，我顺人即背，当我顺的时候，也就是发招的时候。切记，发招时要刻不容缓，一缓机失，即前功尽弃。所谓"机不可失，时不再来"。因此，我们锻炼的不是在本能上加工，使它快而有力，而是在本能上加以抑制，即用意不用力，使它用得更为适当，更为有效。

所谓"不丢不顶"这两种法则，在推手训练进攻和防守中都占有重要地位。贯彻这一法则，可使进与退之间的联系，做到不即不离，转换自如，甚至达到连绵不断形成一体的境界。

不丢不顶的练习方法是两人轮换做进攻或防守动作。比如对方只进一寸，我就给他一寸；进一尺，我就给他一尺（切记给时要走弧线）——绝不少给，也不多给。少给就犯了"顶"的毛病，多给则犯了"丢"的毛病。所以应掌握做得恰到好处。然而，练习"不顶"时必须同时动腰坐身，不能只靠手上应付，手法与身法要配合协调一致。否则，手回身不回，反要给对方以舍手攻身的机会。

推手主要靠腰腿的功夫。锻炼腰腿除了注意基本功的练习（如弓、马、仆、虚、歇、坐等步法和身法的扭转变换）之外，还应注意两点，叫作先求开展，后求紧凑。过去推手有闭住门户和敞开门户之说，认为防人进攻时应紧守门户，但我认为也不完全如此。如果腰腿有功夫的话，就可以敞开门户，诱敌深入。如果只是在缩小门户上用功夫，而没有开放门户的素养，应用中，遇到门户被人打开的情况，便会惊慌失措。所以练功夫要先求开展，后求紧凑。这和学习书法是一个道理，欲要写好小楷应先从大楷入手，等大楷写得有相当功夫了，再写小楷也就容易成功了。好的毛笔字，即便是蝇头小楷，从它的全貌看来，也要和大楷一样，要做到舒展大方，带劲有神。小楷若能达到如此传神之程度，往往是由于在大楷上曾用过相当的功夫。所以，不论写字也好，练拳也好，推手也好，都要按照规矩循序渐进，要先求开展，后求紧凑。如果练惯了紧凑然后再去求开展那是比较困难的。太极拳的推手功夫，要求先练开展的目的是为了能够做到"上下相随人难进"，并进而做到"沾连粘随不丢顶"。这样进行训练，可以使得感觉更灵敏，耳目更加聪明，问劲所得更准，虚实更加分明。所谓感觉，身有所感，心有所觉，有感有觉是也。一切动静皆为感，感则有应，所应复为感，所感复为应，二者互生不已。推手初步专在磨炼感觉，感觉灵敏则变化精微，所以无有穷尽。

所谓听劲的听，乃是权的意思。权者，分辨其虚实轻重，在推手即是侦察敌情。听之于心非只耳也，行之于气，运之于手。所以说以心行意，以意导气，以气运身，听而后发。听劲要准确灵敏，随其伸就其曲，乃能进退自如，都是以听劲为依据的。

所谓问答，我有所问，彼有所答，一问一答则生动静，既存动静又分虚实。在推手时，以意探之，以劲问之，俟其答复，再听其虚实。若问而不答，则可进而击之。若有所问，则须听其动静之缓急及进退之方向，始能辨别出对方真正的虚实变化，须通过问答而得之。

所谓虚实，犹如将帅交锋之用兵。兵不厌诈，以计胜之。"计"就是指虚实变化多端的意思。拳术开始，姿势动作、用意运劲各有虚实，要做到知虚实而善利用。所谓虚实，又有真假，有时是似虚而实，似实而虚，所谓虚虚实实是也。对此，不可不知，不可不辨。交手时，我们要以实击虚，击虚避实，指上打下，声东击西。或先重而后轻，或先轻而后重，隐显无常，沉浮不定，使敌不知我的虚实，而我却处处打敌之虚实。此所谓，人不知我，我独知人。彼实则避之，彼虚则击之，随机应变。听其劲，观其动，得其机，攻其势。须知，虚实宜分清楚，一处自有一处的虚实，处处总此一虚实。了解了这些道理之后，再默识揣摩，才能渐至从心所欲。

另外还应该知道"量敌"之法。以己之长当人之短谓之得计，以己之短当人之长谓之失计，而取胜之法就在得失之间。所以说"量敌"是最关键的问题。

太极拳之所谓问答即问其动静，目的是听其动之方向与重心，即侦察敌情之意。所谓量敌，即在彼我尚未进行攻击之前，应以静待动，毫无成见，做到彼不动我不动、彼微动我先动。关键在于彼我相交，一动之间，即知其虚实而应付之。但是，千万注意不要犯双重之病。

所谓双重，就是虚实不分的意思。双重有单方与双方之分，有两手与两脚之分。《太极拳论》说："偏沉则随，双重则滞。"又说："每见数年纯功不能运化者，率皆自为人制，双重之病未悟耳。"所以说，双重之病是很难自悟自觉的，除非懂得了虚实变化的道理之后，才能避免双重之病。反之，则易为人所制。双重之病，在太极拳中最忌犯，假如对这点没有充分的认识和了解，绝不会练到高深的程度。许多人练了很长时间没有进步或不能运化，都是由于犯了双重之病的缘故。

两脚不分虚实，同时用力着地，使身体的重量分布于两脚之上，即是双重。反之，若两脚同样用力，但全身的重量却完全集中于一脚之上，而另一脚的用力和躯干的用力相平衡，则不是双重。这是一般对于双重的解释。不过，一些学练太极拳的人对于非双重的姿势，却很糊涂。他们以为虚脚永远无需用力，用力便是双重。殊不知有时虚脚用力，身体的重心才能达到稳定。不过虚脚的力量要用在空处，不可使它着地（指的是趁劲）。假如虚脚用力地搁置地上，则身体必成散乱之象，重心也必致偏倚。所以说，"虚非全然无力，实非全然站煞"，内中要贯注精神，即上提之意。学者对于这一点如不能认识清楚，即使避免了双重之病，却难免又犯偏沉之病，顾此而失彼。

根据此理，双重之病好像不难理解，怎么花费多年工夫尚未能领悟呢？原来以上是简单的说法。其实双重是一种现象，并不是固定的形态。主要是要使全身任何部分在任何时间不发生呆滞的现象，也就是要保持高度的灵活性。尤其在推手时，之所以会被人打击，其原因都是由于犯了双重之病。否则，绝不会被人击打着。所谓不犯双重之病，也就是使身体任何一部分都能很迅速地、连续不断地变换虚实。如果实的部位在某一时间要发生动摇的时候，要用意识立刻使它变虚，反之也一样。总之，不使它有固定形态的时候。拳论所谓"左重则左虚，右重则右杳"，也就是指这种变化，即虚实变化不息的意思。至于不要犯双重之病，可以由大到小去练。练到精深时，每寸地方都能够做到不犯双重之病，以至一指之微，一发之细都能够做到不犯双重之病。不过，这样练法，初学者是一时无从领悟的。不要操之过急，起初还是应该在形式上去琢磨体会，由浅入深地练习，这样自有成功的一天。初学太极拳或推手时，

吴式太极拳八法

166

转圈的幅度要大，练习日久后，转圈要逐渐缩小。圆形动作是达到和谐与连贯的必要前提，练到成熟后，逐渐达到"得心应手，心身相应"的境界，就能够一动无有不动，一圈无有不圈（外形有手圈、肘圈、肩圈、胸圈、胯圈、膝圈、足圈；体内有内脏做轻微的旋转、按摩、畅通经脉、循环系统，内外、上下、左右自然柔和地同时协调动作）。可以说，太极拳练起来"全身都是圈""全身处处是太极""精已极，极小亦圈"。这是由大圈练至小圈练至无圈；由开展渐至紧凑；由有形归于无迹的最高级的技术成就。由极小的圈练到外形上看不出有圈，是指有圈的意思而没有圈的形式，这样的境界是只有功夫极深时才能做到。功夫越深者，身体各部位的转圈便越小、越细致、越正确协调，达到所谓"紧小脱化"的境界。

转圈不论大圈、小圈、无圈（看不出有圈的形式），都由内劲做主导。内劲是通过长期锻炼，用意识贯注而逐渐形成的"似松非松、不刚不柔、亦刚亦柔，似钢非钢、似柔非柔、刚柔相济"的极为沉重而又极为虚灵的一种内劲。功夫下得越深、内劲的质量也就越高。

内劲发源于腹部（丹田）。丹田劲如以十分计算，用意将达六分，往上行分达两肩，缠绕运转至膊、肘、腕、掌，透达于两手指尖，先小指，依次至无名指、中指、食指、拇指。将四分劲往下运行，经胯分达两腿，缠绕运至膝、足，透达于两足趾，先小趾依次至拇趾。这是随着动作的开展、引伸、呼气而运转缠绕到四肢（两手指尖两足尖）的，是由内而外的顺旋，叫作进旋劲。等到内劲贯到九分、神气贯到十分，姿势似停止的时候，开展的动作转化为合聚，引伸的动作转化为回缩，呼气将尽转化为缓缓吸气，这时内劲之上下运行到四梢后，复由原路线缠绕返回至腹部（归原）。这是由外而内的逆旋，叫作退旋劲。这种运劲的方式方法，叫作"飞身法"。太极拳在练习时必须缓慢、不能快速的原因，就是因为要追求"行气如九曲珠无微不至，运劲如百炼钢无坚不摧"的效果。开头用快速练法，必然处处走入油滑，做不到处处恰到好处。只有慢练的功夫到一定程度后才能开始由慢到快，快后复慢，既能慢到十分，又能快到十分。如此反复锻炼，便能极虚极灵，又能极轻极重，快慢随心所欲。这种内劲的质量是无限的，内劲越是充沛沉重，越能显出轻灵的作用，加强忽隐忽现的效果。

在练习太极拳和推手时必须注意"不要使用无谓的力"。不要用力，每个初学太极拳的人常会听到这样的告诫。的确，太极拳真是柔软温和的拳术，即使没有亲自去试验，就是旁观者看来也会觉得好像是一点儿没有使劲。但是肢体的动作是绝对不要用力么？不用力是否将会失去拳术的功用？只要稍加思索，人们一定会发生这样的疑问。实际上我们知道，除了睡眠的时候，一切行动是不能不用力来维持的。就以平常的步行来说，假使两腿不用力交互运动，身体便不能前进，这是极明显的事实。何况拳术是全身运动的一种，施演时怎么能不用力呢？退一步说，即使能够做到不用力的程度，那么，肌体和肌肉完全松弛、静止下来，这样还能发挥拳术的功用吗？所以"不要用力"这句话是有毛病的，而应该是"不用无谓的力"（即用不着的力量不要用它的意思）。太极拳看起来之所以柔软温和，只不过是动作缓慢所致，并不是不使力。

一般对于"不要用力"的作用的解释是这样的：人体本身具有的力叫"拙力"，拙力也叫浮力，并不是真力（内劲）。拙力没有什么效用，非真力不能显示太极拳的功能。拙力的存在会妨碍真力的产生，所以必须把拙力化尽，真力才会产生。而"不要用力"便是化去拙力的有效方法。乃是"无谓的用力"，会造成力的散乱，而"不使用无谓的力"即拙力，能使体力集中，这种集中的力才是真力。所以，"不要用力"，说的就是用不着的力不要使用，这样，人的体力才会集中于一点，发挥最大的作用。

如上所说，无谓的用力会造成体力的分散，从而降低了动作的效果。譬如我们把体力完全应用在两腿，每小时可以步行 5 公里，而如果其中有了"无谓的用力"，那样，便不可能有这样的成绩了。对于这一道理，一般人也许并不留意，因为，在平常的行动中，"无谓的用力"的弊害似乎并不明显，但在拳术上却大不相同了：

第一，增加体力的消耗量，身体容易疲劳，便不能维持长久的运动；

第二，因为体力的分散，使需要用力的部位发不出足够的力，致使功能减低。所以避免"无谓的用力"是必要的。

克服"无谓的用力"的方法并不难，即在运动的时候，应该注意认清每一动作所必须用力的部分和不需要用力的部分，然后，注意后者，如察觉有用力的现象时，立刻以意识使它松弛。这样注意时间长了，便不会有"无谓的用力"的现象，体力便会渐渐集中起来。但由于一般人平时对此并不注意，"无谓的用力"已成习惯，明明只需用一双手用力的动作，却常常会出现全身用力的情况。初学的人对于应有的用力和"无谓的用力"往往很不容易分清。要做到"不使无谓的力"，必须在开始运动之前，进入一种全身松弛的状态，除去躯干稍许有一点支撑的力量外，其余肢体都不许用力。太极拳的开头有个"预备势"，它的作用是这样的：在做了"预备势"之后，再慢慢地运动全身，尽量松弛，这样便会使该用力的地方自然就会有力产生，而不该用力的地方，由于全身松弛的缘故，"无谓的用力"的消耗也就减少了。经过细心的体会，用力与"无谓的用力"的分界就应该清楚了。

要注意"舍己从人"的原则。太极拳用以对敌的方法是"以静制动，以逸待劳"，这就是说自己不作主张，处处总是听从于对方，以对方的意见为意见。初期我们可以这样做，但不能始终这样做。应本着拳论中所说"动急则急应，动缓则缓随，虽变化万端而理为一贯"的道理去做。这就是说，他有千变万化，我有一定之规，以此作为应敌的法则。无论你用什么办法来引诱我，我总是有一个固定的目标，不会被你牵动，但应注意观察对方向何方来去，即随其方向以"不丢不顶"的方法应付，使他落空或跌出。相反，如自作主张，不知随对方动作而动作，加以抵抗，这就是不能舍己从人，也就是犯了"双重之病"，很容易导致失败。

所以，在练习推手时，这一点应多加注意。

第三节　太极拳推手对身法的要求

我们知道，打太极拳和演练太极拳推手都是强调不用力气的，而是以松力、沉气、用意为主，具有"轻、慢、圆、匀"四个特点。这些乃是太极拳初学阶段基础训练的重点。所有这些都要从身法着眼。因为身法乃是学习太极拳最基本和最主要的一个方面的要求。由于太极拳每一个式子都是通过手法、步法、身法和眼神等的动作变化和协调配合而构成的，所以对于身法必须有严格的要求。只有如此，才能练出精湛的功夫。

太极拳的身法主要有九种，就是松肩、沉肘、含胸、拔背、裹裆、溜臀、松腰、抽胯、顶头悬。

为什么要松肩？

肩、肘、腕这三个部位有密切的连带关系。肩关节若能松开的话，就可以把全身的力量集中到手上去。反之，肩不能松，则必僵硬，便会影响手法的灵敏性。这就是松肩的作用。手法所要求的"有欲动之势，无散漫之意"，主要强调的就是两肩必须松开，不使丝毫之力。手势本无一定，不管抬起、垂下、伸出、屈回总要有相应之意，何时意动何时手到，换句话说，就是得心应手。

松肩的练法，就是用意想象把肩部的肱骨头向里和肩胛骨相贴紧，之后马上离开再向下引长。

掌握松肩的方法，只要用意念想一下"肩井穴"就可以了。

为什么要沉肘？

因为要把全身的力量运到手上去，故而不但要松肩，还必须沉肘。所谓"肩松气到肘，肘沉气到手，手心一空气到指梢"就是这个意思，这也就是沉肘所起的作用。

沉肘练习之法，就是意想肘尖好似下沉到地面上，从而使手腕产生一种很活动的感觉。

掌握沉肘的方法，只要肘尖常有下坠之意，或用意一想"曲池穴"就成了。

为什么要含胸？

含胸有两种显著的作用。第一是含胸可以使气不上浮。换言之，为了能使气向下沉，就必须含胸。第二是含胸动作对于两腿的起落和进退，有着很大的辅助作用。拳谚说"腿之变化，运筹在胸"，说的就是含胸的作用。

含胸的练法，应注意胸部不要挺凸，也不可向内太凹陷，而是往下松，两肩微向前一合就成了。

掌握含胸之法，只要意想两乳，从乳头往下沉气至肚脐以下即可。

为什么要拔背？

为了避免脊柱松弛过度和产生低头弯腰等现象，要用拔背来控制。此外，拔背在技击时，还起着发力的作用。

拔背的练法是，意想两肩正中间之脊椎骨（即大椎），有鼓起的意思就行了。但不可有意识地向上抽拔，以两肩保持灵活，不可低头为要。

掌握拔背的方法，只要意想脊背的高骨（即大椎）处，约有 10 平方厘米的面积和贴身的衣服相接触就成了。

为什么要裹裆？

能做到裹裆，便会使身体的动作特别轻灵活泼，做此动作，可以使肛门的括约肌收缩，能起到气沉而不散的作用。

裹裆的练法是，心意不能想裆，若着意想裆，则裆不圆。所以练此动作时，只要注意两膝着力有内向的意思，两腿如一腿，能分虚实就成了。

掌握裹裆的方法，主要在于同侧的膝盖尖要与脚尖始终保持成上下垂直线，永不变形就可以了。

为什么要溜臀？

溜臀可以使尾闾中正，身体端正安舒，并且能提起精神。这就是溜臀的作用。

溜臀的练法是，注意两肋稍微收敛一下，取下收前合之势，内中感觉松快。同时两腿的股四头肌用力，臀部前送脊骨根向前托起小腹就成功。

掌握溜臀的方法，只要注意收臀不凸臀就行了。

为什么要松腰？

松腰可以使重心下移，达到平衡稳定，这是它的主要作用。技击时用的化、发劲，松腰起的作用也是很大的。

松腰的练法很简单，只要注意收小腹，腹部自然向下松垂，重心稳定即可。

掌握松腰的方法是，要想松腰时，不要想腰，只将腹部略微一收就行了。

为什么要抽胯？

要使步法不乱而有规律地进退，需要抽胯。这也就是抽胯的作用。

抽胯的练习，要注意迈左步时左胯微向后抽，同时右胯微向前挺。反之亦然。这样可使步子的大小一致。

掌握此法，注意两肩与两胯保持上下对正就行了。

为什么要顶头悬？

头部为人的一身之纲领，俗话说，"人无头不走，鸟无翅不飞"。拳论中说："精神能提得起，则无迟重之虞""尾闾中正神贯顶，满身轻利顶头悬。"由此可见，顶头悬在身法中甚为重要。对它的练法有许多说法，但其中一些说法并无多大用处。如有的认为头顶好似悬在上空；有的认为在头上顶着一物；有的认为头颈正直，不低不仰，神贯于顶，提挈全身。我认为尾闾中正与顶头悬的关系最为密切。所以练拳要先求尾闾中正，即将脊骨根对正脸的中间，随之收一下小腹，然后两眼向前平视；同时，下颌微向内收，保持喉头永不显露出来就成了。这就是顶头悬的练法。

掌握此法，主要在于眼神向前平视和喉头不要抛露，如此即告成功。

由此可见，练拳时眼神特别重要。但眼神之重要，绝非只体现在顶头悬一种身法中，而是体现在松肩、沉肘……所有九种身法之中。

练拳时要神聚于眼（宜内敛不可外露）。眼是心之苗，意从心中生。我意欲向何处，则眼神直射何处，周身也直对何处，一转眼则周身全转。视静犹动，视动犹静，总须从神聚中来。

总之，各种身法必须一一求对，结合起来，若一处不合，全身都乖。所以身法是永不许错的，虽千变万化，总难越出此身法。

太极拳之步法，主要强调要虚实分清。虚非全然无力，内中要有腾挪，必须精神贯注。腾挪谓之虚，虚中有实；精神贯注谓之实，实中有虚。虚虚实实、实实虚虚即是这个意思。

另外，太极拳有折叠之术，有转换之法。

所谓折叠之术，是指上肢手法一来一往的意思，是对应的，有上即有下，有前即有后，有左即有右。如意要向上即寓下意，意要向下即寓上意，前后左右皆如此。又如长山之蛇，击其首则尾应，击其尾则首应，击其当中则首尾俱应。这就是折叠之术。

所谓转换之法，是指手与足不仅要上下配合虚实变化，而且手足的进退必须注意虚实的转换。拳谱中说"意气须换得灵，乃有圆活之趣。所谓变换虚实须留意——虚实宜分清楚，一处自有一虚实，处处总此一虚实。"由此可知，太极拳的所有动作都必须分清虚实，动作能分清虚实转换，就可耐久不疲，这是一种最经济的体力活动。因此，练太极拳时双手要有虚实，双足也要有虚实。尤其重要的是左手和左足、右手和右足上下相随地分清虚实。也就是说左手实则左足应虚，右手虚则右足应实。这是调节内劲使之保持中正的中心环节。此外，形成落点的虚中要有实，实中要有虚。总之，处处总有此一虚一实，使内劲处处达到中正不偏。初学时可以大虚大实，然后再往小处练，直至练到里边的虚实变化从外面不容易看出来，也就是不形于外的境界。这需要下相当工夫才能练出来。

　　虚实变换的核心在于意气的转换，但要换得灵敏。同时要在"中土不离位"即重心始终要保持平稳的情况下，才能使虚实转换如意。所以要做到"立身中正安舒，才能支撑八面。立如秤准，活似车轮。上下一条线，全凭左右转。尾闾中正神贯顶，精神能提得起，才能指挥进退，转换自如"。由此可见，太极拳的健身和技击方面所有重大效应，主要是依意、气、神的运用而取得的。

　　所谓转换之法还有一种解释，是指"身随步走，步随身换"。命意源头在腰间，向左转换，左腰眼微向上抽，用右腰眼托起左腰眼，向右转换，则反之。

第四节　太极拳基础八要

太极拳以练拳为体，推手为用。在初学盘架子时，基础至关重要。其姿势务求正确，中正安舒；其动作必须缓和而轻灵、圆活。此是入门之径，学者应循序渐进，由浅入深，如此，方不致枉费功夫。

入门八要

中

要求心气平和，神清气沉。其根在脚，重心系于腰间。所谓命意源头在腰隙。精神含敛于内，不表于外。这样才能使身体一站即做到了中定沉静的姿态。

正

要求姿势端正。每一姿势皆宜端端正正，不可偏斜。尽管有很多姿势，或抑或俯或伸或屈，也非要做到中正不倚不可。因为在推手发劲和盘架子的虚实变换等方面，都要靠重心的中正平衡与否来定成败。由于重心为全身之枢纽，重心立则开合灵活自如，重心不立则开合失其主宰。所以说，对重心的掌握好与坏是最关键的问题。

安

安然之意，切忌牵强。于自然之中得其安适，才能使气不滞，畅通全身。在练拳时姿势安稳，动作均匀，呼吸平和，神气镇静，才能有此效果。

舒

舒展之意。就是先求开展，后求紧凑。要求初学盘架子和推手时，在动作姿势上必须认真做到开展适度，使全身关节节节舒展。但这不是有意识地用力伸张筋骨，而是自然地、徐徐地把骨节松开。长时间这样练到有了功夫，再把姿势动作往缩小里练，使人们看到也觉得是自然、灵活、沉着、开展、大方的。舒展骨节，可以练出弹性力。

轻

轻虚之意，然忌漂浮。在盘架子和推手当中，要求动作轻灵而和缓，收放自如。这样练久了自然会出来一种又松又活的劲，同时还有一种沾粘的劲。打太极拳也好，推手也好，一开始都要从轻字上着手，才是入门之途径。

灵

灵敏的意思。由轻虚而松沉，由松沉而沾粘，能沾粘即能连随，而连随后方能灵敏。如此方可悟得不丢不顶的道理，之后是愈练愈精了。

圆

圆满之谓。每一姿势、每一动作，都要求走圆而无缺陷，这样才能完整一气，避免凹凸、断续之病。推手运用各劲非圆不灵，能圆则活，处处能圆则无往不胜。

活

灵活的意思。是指练拳者原有的本力，力大也好，力小也好，要求把这种本力练得灵活。所谓灵活，就是不要有笨重、迟滞的意思。

体用八要

意、气、劲、神之四要，亦称体之四要；发、拿、化、打为推手之四要，亦称用之四要。如果在推手时"意、气、劲、神"有一方面为对方所拿到的话，我方是必败无疑的。所以，我们对于这些方面要多多练习，以能悟出其中之真谛。

意专

练拳、推手都要求心静，因心不静则意不专，一举手前后左右全无定向，所以要心静意专。起初举动不能由己，要息心体认，随人所动，随曲就伸，不丢不顶，勿自伸缩。彼有力我亦有力，我力在先；彼无力我亦无力，我意仍在先。要刻刻留心，挨何处则心要用在何处，须向不丢不顶中讨消息。此全是用意，不是用劲，久之则人为我制，我即不为人制了。

气敛

气势散漫便无含蓄，身亦散乱。务使气敛入脊骨，呼吸通灵，周身罔间。吸为开为拿，呼为合为发。如果吸气能够很自然地提得起来，也能把人系得起来的话，那么，呼气便会更自然地沉得下去，也可以把人放得出去了。这是以意运气，而不是用笨拙的力气拿起来、放出去的。

劲整

一身之劲练成一家，分清虚实。发劲要有根源，劲起脚跟，主于腰间，形于手指，发于脊背，又要提起全部精神，于彼劲将出未出之际，我劲已接入彼劲，不后不先，如皮燃火，如泉涌出，前进后退，无丝毫散乱；曲中求直，蓄而后发，方能随手奏效。这就是所说的借力打人、四两拨千斤的意思。

神聚

神聚则一气鼓荡，精神贯注。开合有致，虚实清楚，左虚右实，右虚左实。虚非全然无力，气势要腾挪；实非全然站煞，精神要贯注。紧要全在胸中腰间运化，不在外面。力从人借，气由脊发。何能气由脊发？气向下沉，由两肩收于脊骨，注于腰间，此气由上而下谓之合；由腰行于脊骨、布于两膊、施于手指，此气由下而上谓之开。开便是吸，合即是放。能懂得开合，便知阴阳。到此地位，功用一日，技精一日，渐至从心所欲，也就是说再没有不如意的地方了。

发劲

所谓发劲。是太极拳推手中的术语，它是根据"沾连粘随、不丢不顶、无过不及、随曲就伸"的原则，运用掤捋挤按採挒肘靠八种方法和劲别的灵敏性，探知对方劲力的大小、刚柔、虚实、迟速和动向，选择合乎杠杆原理的接触点为支点，运用弹性和摩擦力（力点）的牵引作用，发挥"引进落空""乘势借力""四两拨千斤"的技巧，掌握"动急则急应，动缓则缓随""彼不动、己不动，彼微动、己先动"的战略战术，牵动对方的重心，在时间和力点最为恰当的时机"以重击轻、以实破虚"将劲发出去。这种发劲要"沉着松静，专注一方"，由弧形而笔直前去对准目标，又稳又准，乘势将对方干脆地发出去。在发劲之前须有"引劲和拿劲"，用引劲可使对方先失去重心，然后用拿劲将对方拿住、拿稳，这时再用发劲才能顺手，才能随心所欲。

　　欲要引进落空、四两拨千斤，先要知己知彼；欲要知己知彼，先要舍己从人；欲要舍己从人，先要得机得势；欲要得机得势，先要周身一家；欲要周身一家，先要没有缺陷；欲要没有缺陷，先要神气鼓荡；欲要神气鼓荡，先要提起精神；欲要提起精神，先要神不外散；欲要神不外散，先要气敛入骨。两股前节有力，两肩松开，气向下沉。劲起于脚跟，变换在腿，含蓄在胸，动劲在两肩，主宰在腰。上于两膊相击，下于两脚相随，劲由内换。收便是开，放即是合。静则俱静，静是合，合中寓开。动则俱动，动是开，开中寓合。触之则旋转自如无不得力，才能引进落空，四两拨千斤。

拿劲

　　太极拳在用法上原有"截、拿、抓、闭"四法，兼施并用，乘势活变。此四法，即截其气、拿其脉、抓其盘（分筋挫骨）、闭其穴（穴道），现已不轻易传授和使用，在推手运用拿法时只是点到而已。在发劲之前要有拿，在拿之前要有引。拿劲要分时间和地位，即什么时候才能拿，拿什么地方合适或什么地方能拿与不能拿，这些都是有分寸的，拿早了不成，晚了也不成。要在不早不晚、恰到好处之时才能拿，不拿则已，一拿便起，这才称得上"用意不用力"的巧拿之劲。究竟如何拿才算巧呢？上面已经说过，在拿之前须先用引劲，意思是说先用引诱之法，使对方的重心落于两脚之外，处于不稳或呆滞状态，这时方好顺其倾斜之势施用拿劲。但拿的位置须用"管"法，就是说要把对方的关节管住。既管就要管死，管死拿之才省劲。否则，对方会跑掉，再拿就费事了。如果拿的时机和拿的位置都掌握好了，到管的时候没管住还是不行，必须使拿的时机、位置、管好这三方面配合协调一致，拿时才能如愿。

所谓拿即是管，管即拿，拿不起即管不住，管得住即拿得起。意思是说在管、拿之间的时候才是拿的良机，机不可失、时不再来，对这一点应加注意。"管"的实际做法是，比如我以右手粘住对方的左手腕部，走螺旋劲前进，同时，用意一想对方的左肩部，即将其管住了。意念不可移动管得才严，意念一动就管不住了。如果想管对方的腰部，只要意念一想他的腰，其腰就被管住了，若想管肘就想肘，想管膝就想膝。至于"管住"了还是没有"管住"，主要取决于"接触点和意念"是否同时到达了你所想要到达的地点（即肩、肘、腰等处），即你的动作的准确程度如何了。

化劲

运化首在腰腿，次在胸，又次在手。因此说，"紧要全在胸中腰间运化""有不得机不得势处，身便散乱，身必偏倚，其病必于腰腿求之"。手的主要作用是在粘着点不要离开支撑面上，而作轴心运动的旋转，可以圆转自如，从粘化中预知对方的虚实，能与其虚实的变化相适应。此即是"折叠之术、转换之法、让中不让"的妙用。能如此，方能不失我的机势。

化劲既要求做到不使对手接触我身，而己能控制对方重心，又要求做到敢于使对手接近我身，且有办法解脱。欲达此目的，首先要求本身达到"手眼身法步"等方面的起码要求并掌握其要领。譬如对整个手臂的要求：肩关节始终要松柔圆活而下沉，肘关节要用意贯注始终下垂，手动无定向，能慢能快，适合"动急则急应，动缓则缓随"的要求。须知"眼为心之苗"，意在领先，目光亦随之变换，身手步随目光之动向而转换。眼神在引、发劲中占重要地位，如欲将人发远，则眼远视，发高则仰视，发低则俯视。控制对方劲路以何手为主，则目光须视其处，目光绝不可与动向有偏差。把人发出去之后，眼神仍须前注，要有"一克如始战""劲断意不断""神气不令割断""放劲如入木三分"的意思。另外，习武者向有"眼观六路、耳听八方"之说，强调的是眼睛、耳朵（当然也包括触觉及其他感觉器官）对于上下、前后、左右几方面都要照顾到，不可只顾一面或几面。

身法要求，必须"立身中正安舒，才能支撑八方。尾闾中正神贯顶，满身轻利顶头悬"。意思是说，从下到上或从上到下（即指头顶百会穴与裆内会阴穴）要始终保持垂直，上下连成一条线。实际上是脊柱要节节松沉而又虚虚对准，腰部要松沉直竖，要微微转动，不可软塌，不可摇摆，使身法在任何变换时保持中正，不偏不倚。脊柱骨节和胸背骨节松沉，而意往上翻（内劲由裆中上翻至背脊，谓之"气贴背""力由脊发""主宰于腰"）。切忌前俯、后仰和左右歪斜。手脚前去时，腰部朝后微微一挺，同时要松胯提膝（只是用意一想）。

身法虚实的变换，关键在以腰脊命门穴为轴心的左右腰隙（两肾）的抽换。腰隙向左抽则左实而右虚，腰隙向右抽则右实而左虚。两肾抽换变化虚实，是全身总虚实的所在，也是"源动腰脊""内动不令人知"的诀窍所在。

步法要求，动步要轻灵，两腿要分虚实。其关键在两胯关节的抽换。胯与腰隙的抽换相一致，也就是步法的变换要随身法的变换而变换。欲迈左步，腰隙先向右抽落实，气沉右腹侧，右胯关节随着内收而下沉，右足为实。欲迈右步则相反。步法又要手法相呼应，务使上下相随和相吸相系。手与足合，肘与膝合，肩与胯合的外三合必须注意，使上下完整不乱。动必进步，进必"套插"。套是前足管住对方前足外侧，插是前足插于对方两腿的中间。套封插逼，足进肩随，大挒大靠（适用採挒肘靠四劲）之法，都包括在里面了。

推手时"意形要连不令断"，将欲放劲，步须暗进，胜在进步，败在退步；步法、手法和身法必须要配合协调一致。如进手不进身，身手进而不进步，不但粘封不成，发劲浮而不沉，不能连环发劲，同时也容易被对方牵动。所以当发劲时，身、手、步和眼神须俱到，并且要求鼻尖、膝尖、足尖、手尖和眼神必须对准同一方向，这样力量集中，效率大。

手、眼、身、步等的要求，也是化劲应具备的起码的条件。其次，在化劲当中还要掌握和运用方式方法，如沾连粘随、不丢不顶、随曲就伸、舍己从人等，都是锻炼"懂劲"的方法。不懂得对方来的是什么劲，自己也就不知用什么方法去破他的劲，也就谈不到"知己知彼，百战百胜"了。所以用化劲还需懂劲。推手时不仅双手要沾连粘随，身法、步法也要有沾连粘随之意（即运用折叠之术、转换之法），不先不后，协同动作。这是动作上做到上下相随、周身一家的表现。形要连、意要连，随人之动而伸缩进退，真能做到用劲恰当，这才算是"粘劲"而没犯"顶病"；用劲正好，不多不少，这才是"沾劲"而没犯"匾病"；如对方来手与我手相触后立即折回，我应随其返回之手相连不断，这才是"连劲"而没犯"丢病"；如对方直臂来击，我就顺着他的伸臂方向伸长，使其臂不能弯曲，这才是"随劲"，而不犯"抗病"。只有这样才算有了"懂劲"的功夫。懂劲是由"舍己从人"而来的，处处能察觉和顺应客观变化规律，能在虚实上做到上下相随，则进攻退化就能舍己从人和圆转自如。从人而仍然主宰于我，即他有千招变化，而我有一定之规，不失中正，就能制人而不受制于人。这是手法、身法和步法达到沾连粘随的功用。

最后，化劲除根据上述各项原则运用外，还有一点值得注意，就是对方进攻到我的何处，何处动，动要活。主要是用意走劲，比如对方打到我肩，我意在肘；打到我肘，我意又回到肩；再打到肩时；我意转到膝或腰或足都可以。这样循环无端的变化，即叫作"以意化劲"法。

打法

太极打法，是练习掷打发放的实用手法，其练法，也要根据《打手歌》中的口诀来进行。如"掤捋挤按须认真，上下相随人难进。任他巨力来打我，牵动四两拨千斤。"又如"上打咽喉下打阴，中打两肋与当心。还有两臁和两膝，脑后一掌索真魂。"

打法要诀中，有二十个字要牢记心中。兹将二十字之意义，解说如下：

披：即是分、开之意。由侧方的分进就叫作披。

闪：即侧身避开，俗谓之闪。不顶而侧让，不丢而粘之为闪，不是完全离开，并不出很大空隙。

担：即负起责任之意。任敌袭击，待其劲将着身时，负其攻势下悬以化其劲叫作担，而并不是担挡敌人之击或担出敌人之手足之意。

搓：即手相磨之意，我之手腕、臂、肘与对方腕、臂、肘互相摩擦，试其劲之去向，敌进我随之退，敌退我趁势攻，在沾粘不脱之中要有圆滚之意。

歉：歉是不够不足之意。试探敌劲要求"能仄不盈"，出手不可太满，总要留有相当的尺寸。否则一发无余，就不符合太极之理了。

粘：即粘染、相着、胶附之意。缠续不脱，不即不离，人背我顺随机变化。

随：即顺从、跟随之意。敌主动我被动时，循其后而行，所谓亦步亦趋之意。

拘：即执、取之意。又是趋势拘住敌人之手足腕臂发呆不动的样子。

拿：即擒捕、牵引的意思。擒住敌人各部叫作拿；攫点敌人胝穴也叫拿；顺势攀引，也叫拿。

扳：即挽手、援手牵制之意。挽住敌手各部为扳；顺势牵引敌人各部也叫扳。

软：即柔的意思。不许用拙力而听其自然之沾粘劲，用以化敌之劲的意思。

　　掤、搂：即拽、持之意。握持或拽抱敌人手腕、臂膀，使其不能逃脱叫作搂。

　　摧：即挫折之意。能摧刚为柔，乘势以挫敌锋陷其中坠而折之也叫作摧。

　　掩：即遮盖之意。遮避之而袭敌叫作掩；闭守敌攻覆攫以化其劲也叫作掩。

　　撮：即聚集、採取之意。以手指取敌各部或点其穴道皆叫作撮。

　　坠：即落地、坠落之意。太极拳中，若为敌所牵挽，我沉肩坠肘如万钧重，再乘其隙以袭之，无不应手奏效。

　　续：即连、继之意。能懂劲始可言续，沾粘不脱，势势贯串，其劲已断而意仍不断，则能续连的意思。

　　挤、摊：摊即展开之意。如以手布置陈设的样子，因而叫作摊。

　　太极有开合之劲。合而不开，其劲宽窄不当放手也嫩，所以一开无有不开。如此，不仅吐放舒展且可坚实着力，骨节自对。开劲攀梢为阳，合披坑窑相照分阴阳之意，开合引进落空。分宽窄老嫩，入榫不入榫，有擎灵之意，骨节贯串，动作灵活。开劲宛如披挽梢节至于极点则为阳，合劲又似坑窑与阳相照是为阴，阴阳之意义就是这样来分的。开合、牵引、进退、起落，使敌处处空虚，惟分尺寸畅仄，功夫久暂，至炼神还虚。如果能够势势完备，放手中的，这才叫作老手；用功虽久，动作滞涩甚至出手无着，这样的叫作嫩手，其弊则于得入诀窍或不得入诀窍来判断。不仅如此，还须有虚灵之意，如斤对斤，两对两，不丢、不顶，五指紧聚，六节表正，七节要合，八节要扣，九节要长，十节要活，十一节要静，十二节抓地。敌发一斤力，我用一斤力应之；敌发一两力，我也一两力随之，力虽相等而非对抗，乃试其劲粘随之意，无双重之弊，自然不丢不顶。虎口要圆，拇指分领四指弯曲如抓圆球，即紧聚也；中节、梢节、根节俱要安舒中正，尤须处处相合，肩扣胸扣。手、足、臂、腕均要引长，但并非一发无余之长。松肩沉肘，虽四肢百骸灵活，仍须动中求静，虽静犹动。呼吸动作自无鲁莽灭烈之弊，进前退后之步法皆极灵活轻妙，并含有好似抓地之意。

三尖相照即上照鼻尖，中照手尖，下照足尖。能顾元气，不跑不滞，妙令其熟，牢牢心记。演势时，三尖势势相照方能顾住元气，气不散无弛张疾走之害，也无滞涩停顿之虞，妙在功纯，切要牢记。

吴式太极之打法，强调要能以手当枪用，要不动如山，动如雷霆，高打高顾，低打低应，进打进乘，退打退跟，紧紧相随，升降未定，沾粘不脱，拳打立跟。能以手当枪并非以空手敌长枪，而是极言手的作用，不动稳之时要如泰山，动时则要如迅雷不及掩耳闭目。如此练习数十年，遇敌交手，当者无不披靡。敌由上方袭我，我由下方以应之，敌进我乘，敌退我跟，上下相随，前后紧迫，绵绵不断。立跟之意，是指手足必须要有操手和站桩之功夫，对敌应战时，方能立奇功。

关于太极拳打法，老师们有许多重要的论述，现摘录一部分于下，学者须谨记。

> 沾连粘随，会神聚精，运我虚灵，弥加整重。太极无法，动静方圆，细腻熨帖，中权后劲。
>
> 不即不离，不沾不脱，接骨斗榫，细心揣摩。
>
> 乾刚坤柔，阴阳并用；不偏不倚，无过不及。
>
> 不先不后，迎送相当。前后左右，上下四旁。转接灵敏，缓急相将。
>
> 神以知来，智以藏往。
>
> 两手转来似螺纹，一上一下甚平均。全凭太极真消息，牵动四两拨千斤。
>
> 中气贯足，切忌先进。浅尝带引，静以待动。
>
> 阖辟动静，柔之与刚。屈伸往来，进退存亡。一开一合，有变有牵。虚实兼到，忽见忽藏。健顺参半，引进精详。或收

或放，忽弛忽张。

我之交敌，纯以团和气引之使进。

不可使硬气，亦不可太软，折其中而已。

又半引半进，带引带进，即引即进，以引为进，阴阳一齐并用。此所谓道并行而不悖。非阴阳合德不能心机一动手即到，快莫快于此。

其半引半进之法，肘以上引之使进，手以下劲往前进。胳膊背面为阳，里面为阴，则是阳引阴进之法，非互为其根不能。

手用引劲引开敌人之手，须用内外螺旋劲引之，令其脚跟不稳。

伸中寓曲何人晓，曲中寓伸识者稀。

徐徐引进人莫晓，渐渐停留意自深。右实左虚藏戛击，上提下打寓纵擒。

先引后进人谁识，太极循环一圈圆。

引进落空最为先。

敌以手来，我以手引，即引即打，非引之后而后击之，于此足证阴阳正为其根之实。

引进之劲说不完，一阴一阳手内看。欲抑先扬真实理，击人不在着先鞭。

两人交手，我守我疆，不卑不亢，九折羊肠，不可稍让，如让他人，人立我跌；急与争锋，能上莫下，多占一分，我居形胜。

来宜听真，去贵神速。

至疾至迅，缠绕回旋。

力贵迅发，机贵神速。一迟即失败，一迅疾即得势。

进如疾风吹人，电光猛闪，愈速愈好。

发手要快，不快则迟误；打手要狠，不狠则不济。

势如手摧山岳，欲令倾倒；意要有如捕鼠之猫在戏鼠、捉之放之形，方能奏效。

人来感我，不肯轻放过我；我之感人，岂肯轻放过人？势必至用全身力和欲推倒山岳之势以推。

此身有力须合并，更须留意脊背间。

然非以气大为之，而实以中正元气运转摧迫，令其不得不倒退，且以引进击搏之术，行于手足之中，又使不能前进我身。

另外，前人还有打法十八要诀，现分述如下。

残——毁也，发手致残敌人之意，用于十八字之首。开始之势最重要，周身要软活，切不可全用实力，实力则难变换。所谓举手一推盼彼心胸，脚宜不八不丁，手宜逢虚不发，眼须四面瞻顾，耳听八方。此为残字变化之势。

诀曰：

右手须从腿边起，发来似箭引如弓。

左右防身兼带援，细心泼胆进推功。

推——推之本意使远离，排去之意，是探侦。其余字字分门，独赖推字为循环运用。此手出时疾速，紧沾捺撒相连，施展得力全在小。掌肩要消，膝要紧，步稳而不阔，阔则难变，慎防跌失。来势若虚，沾之则实。

诀曰：

发手未沾切莫吐，若己一沾即用推。

消肩直腕龙伸爪，进步探身势展开。

援——救也。拳法有进退之分，也有攻防之别，进步防其内门披拦截砍，退步变吾边门随意发挥。然有时来势猛勇迅雷急电，不及换势即要援手以救之。若彼将右手托开，走边门往后，则须随风进步，左手再援近身发手，隐紧擦撮疾推击之。

诀曰：

> 手抵其胸前，内来急变援；
>
> 随风跟进足，疾吐莫迟延。

夺——夺者强也。此手与援手相似，倘遇外门披拦截砍，双手擒拿即变此手，以强取之。吾一转势，发手急去，隐急擦掇疾推击之。

诀曰：

> 夺字猛如风，迎门照架冲；
>
> 回身势莫夺，分推气更雄。

牵——挽也，引之使前之意，又顺带之意。顺其来势引之使前倾，或其势勇猛，顺带用牵使其立止不定，总期以借彼势力为吾伸缩之用，左右咸宜。但自桩必须立稳，腰带吸字，隐紧擦掇疾推击之。

诀曰：

> 任君发手向前冲，顺带牵起还借势；
>
> 借势其中还借力，即以其道制其身。

捺——按意。此手须练熟一股沉重活动之力，至于坚紧稳垫，跟对方沉按不离，虽是发手也不离其身，彼左亦左，彼右亦右，就能动虚之际进前一步，隐撒推出应神速。

诀曰：

> 披拦按托意沉然，未沾粘处分虚实，个里玄机在两肩。

逼——迫近其强逼其势，使其变实为虚，吾一举手彼手已被我威逼而为我逞势之用。如此不迫，彼如乱拳纷来，吾徒劳而无功，彼更足跳手挥，反为彼所迫。况身强力大者不迫而得势，则对敌之时，难以取胜，仅可闪躲，这样侥幸取躲闪虽胜亦不足为法。逼者逼其进退之地点要占彼半步，使彼不能前进，而吾乃得一推而击。

诀曰：

> 逼字迎门把手扬，任他豪杰也慌忙。
>
> 听凭熟练手形势，下手宜先吾占强。

吸——缩也，是引气入内收回之意。逼吸相反却又相连，运用在心，伸缩于外。倘吾手发出之时有迫不及待之势，便是运用之时。例如我手为人所逼，有取我胸膈为吾下部之意，毫发之间我手不能出势，形势危急，用此法救之，吾气一入其身自缩。

诀曰：

吸逼虽然判避迫，同为一气应分明。

千钧一发毫厘际，只在微艺方寸情。

贴——近的意思。此手法重在掌跟。不近不贴，一近即贴，一贴即吐。周身俱要软活，随其姿势，贴近其身，吾手自可随意而发。曲动直取，练成迅急之功，使彼莫测，乘其虚以攻其空，皆贴之妙用。

诀曰：

贴字紧身随，窥虚便入门。

周身都是胆，妙手自回春。

撺——掇的意思。彼如上部猛勇，原手难取即变此手，撺住他处，在彼手不能全发，急欲随吾手掷向之处从救护之。彼如用左手一挑右手，想取吾心胸或取我下部，妙不与斗，即变撺字克之。贵乎神速，不可俟他转身，转左跟左、转右跟右，总以使彼左右顾忌，畏首畏尾，我得撺掇进门而去击之。

诀曰：

避其锋锐气，不计更神奇。

撺入空门里，来援亦忌迟。

圈——此手谓圆手，即举手划一圆圈之意，有半圆、整圆之分，双圈、单圈之别。练时如此，用时则不然。以手变化，倘遇逼人之时，上虚下实，随意圈转。若是用牵之时，彼如跟进一步，强打入门，牵手不能再发，即用此手，以救助之，或挑或隔（格），全在顺手一转之功，乘其虚而觅其势。

诀曰：

> 圈手圆圆划一圈，横披斜砍劈连肩。
>
> 若教练就铜筋臂，任走江湖仍占先。

插——刺的意思，坚而入之。倘彼外来披拦截砍，双盖手肩峰坐肘等手来势汹汹，本手不能进取其中，取要取彼两边，即变此手插字克之，全在一股坚劲之功。手落时肩贴他肩，右手帮助同去，亦有三分借彼势力乘其虚一撇即插。倘彼内来披拦截砍，即变左手以插取之。

诀曰：

> 还手无须再转身，顺其来势击其人。
>
> 要知一拨随时插，莫待稍停彼已伸。

抛——丢的意思。此手变法：吾手一出，彼用披拦截砍手入门，攻进吾身想砍下吾手，最要者务于相贴之时，借其来力，吾变出一种浮力兜住彼手，内转半手顾，收左封住彼身势，暗用擦撒坚推无有不去者。

诀曰：

> 兜时心，抛时慌，浮力其中难审详。
>
> 术至通灵神化境，脱离潇洒怎提防？

托——举起之意。此手法有帮助诸字之功。如吾手一出，彼用双盖手发来欲取我上部，我即变用此手。最要者须于变时勿使彼手盖下，我即将主手插进，用一般救劲兜住左手，封闭逼迫使彼难变，用撒擦之法，以推击之，无有不胜。亦有借势乘虚之理。

诀曰：

> 托来宜快不宜迟，插劲还须趁劲推。
>
> 毫忽微艺分胜负，得来秘诀擅英奇。

擦——摩擦之意。此手用法：我手发出须用敛步躲闪之势，自当手贴不离，脚随彼转，滞在何处即存在何处。用擦法以擦之或用外擒手托住当先分他虎口，身紧一步，肘上带按隐，紧逼撒疾推，带擦相连相用，待彼慌张，为我用打之地。或用双分手，将我手托在头顶，意想取我胸膈与我下部，我当进一步，右手经过时即在彼面上，隐紧逼撒疾推击之。倘遇用左右相换阴阳手者，我用牵字带下。宜细心悟之。

诀曰：

擦字飘来急似风，轻描淡写转飞蓬。

莫云着处难伤骨，泥雪斑斑印爪鸿。

撒——发放之意。此手与推字似是实非，大有放胆发展潇洒脱离之慨。彼如前进，我也前进，发手似挡之，勿怯勿离。若彼力猛，即用此法。彼左则右出，彼右则左出，随内进步，撒手抛拳。

诀曰：

撒手从来万事休，匹夫亦可傲五侯。

得来一字传千古，博得英名熟与俦。

吞——咽意，非吸字之运气。咽为形没为主，与吐字相反。防内、外、上、中、下五门，披拦截砍双分手双盖手来势勇猛，即变此手法。一吞一吐使彼莫测。退步在吞，进步在吐，然必须先有吞而后有吐。

诀曰：

丈夫能屈自能伸，进退全凭巧技能。

侧步轻移藏变化，窍道之至入于神。

吐——伸意。舒伸吞吐相连相用，出没无常，令其莫测，方为得策。所谓其中吞吐变化多端，熟练还须细琢磨。盖遇机则吐，一吐复吞，似吞似吐，亦吞亦吐，始入至神。

诀曰：

吞吐明知两字连，其中变化几人全。

任他学有超人技，不及千金一诀传。

总之，学拳千招，一速为先。所谓拳打不知，谓迅雷不及掩耳。不招不架只是一下，犯了招架就是十下。打拳不要怕，怕拳不要打。打拳打得胆泼气壮，手捷眼快，人不得窥其方，我独能运其技。故练打之时，愈熟愈佳，愈快愈妙，出入爽快，吞吐连绵，虚虚实实，实实虚虚，用虚若实，用实若虚。如得出神入化，其中机巧变换，声东击西，指南打北，诱之使来，推之使去，夺之使惧，逼之使退，从容应付，有心手相应之妙；彼则畏首畏尾，有无所措手足之方。打法至此则胜券可操矣。

打拳须要照架子打，照势子进，一步紧一步，一拳紧一拳，进则生，退则死，遇架倒架，照势解势，皆内家之秘诀。故打拳者必先具有胆量，无胆量即无效果。恐怖于内，畏缩于外，敌乘其虚以攻其隙，甚至失败于技之不如之者，比比皆是。

所谓蓄劲即提劲之动作。始欲以拳击人，于发拳之先必须吸气提力，吐气发劲。否则其劲不蓄则拳不坚，是其心中首先未有蓄劲之准备，等于普通人之拳击而已。拳术家之拳击则不然，因为一拳之击，先须经过卷、紧、劲、击四字程序。

所谓卷紧劲击：

1. 握拳时并四指，屈上两节，紧贴于第三节之下，此时手背成平凹式，骨节内陷，形如虚爪。

2. 再将第三节紧屈，大拇指屈压于二三指之中节，则已蜷紧。

3. 吸气提力，力发于心，提于臂，臂注于掌指，则自觉有劲。

4. 如欲击人，使劲一吐，其发如电，始成为击。所以说拳不蜷不紧，不紧不劲，不劲虽发亦不成为击。所谓蜷紧劲击是打法之初阶，也是蓄劲之基础。蓄劲之拳较平常拳击得劲，但不如乘劲之巧妙。

所谓乘劲是乘人发劲之时，或推或挽或牵或托，均以乘其来势使之前倾，或借其来劲使之旁跌，以我微力，倾彼强壮之躯；以我巧妙之方，击其倾斜之处，皆乘劲之作用。

所谓等打赶打是什么意思？临场之际，心平气和，以逸待劳，可占优胜，不先发手击人，待人发手之际，我则乘机以挫其锋，是等打之功用，较赶打为优。然既打之后，或手足瞬息万变优胜劣则顷刻即分，故不加犹豫，握有夺之使来，逼之使退，推之使颠，吐之使蹶，似不用等打而专用赶打，尤未尽善。完全之技击，必合蓄劲、乘劲、等打、赶打各手法步法而成。

打法最忌犯拳之八反。

1. 懒散迟缓。打拳宜手捷眼快，紧逼先施，敌不动，我不动，敌欲动，我先动。以我之动逼之使其不能动，则得秘诀。故懒散迟缓为八反之一。

2. 歪斜寒肩。拳术一道，总以不失重心为主。

3. 老步腆胸。打拳步法宜龙形虎奔，吸腹收腰挺膊舒筋，蹈历若规行短步，屈背勾头大犯忌。

4. 直立软腿。血气上浮，头重脚轻，炼气下行根基稳固，无站桩之功，难换虚浮之力。

5. 脱肘截拳。吞吐能发能收主相连，未沾勿贴自无脱落不中之虑，满力冲拳定有截留难收之弊，用肘用拳尤重弹劲。

6. 扭臀屈腰。束带紧腰，沉其体力；八步丁字，坚其下部；灵活肩躯，敏捷手足，方可与人交手，以免犯有身歪步斜之弊。

7. 开门提影。打拳不怕，怕拳不打。拳来闪避，拳去追踪，攻外无方，守内无法，不明露空之处，不知虚实之着，犯大忌。

8. 双手齐出。左手攻敌，右手防身；右手攻入，左手顾己。一攻一守，有防有攻，此为定理。反之，双手齐出，能攻不能守，一经落空，无法挽救。

第十二章　太极拳推手中的几种力学现象

第一节　太极拳推手中的静力学现象

初学者在练习太极拳推手过程中的力学现象，我认为基本上都可归到静力学范畴之中。也就是说，初级水平搭手瞬间之受力情况，都可以用平面刚体力学的分合力公理去描述。根据力学原理，任何力都是某物体对于另一物体的作用，即有一作用力必须有一反作用力。另外还知道，一个刚体保持稳定的必要条件是在平面共点力系中，应该是诸力之和等于零，如不为零，物体必定按照合力作用线方向产生运动。根据以上静力学之基本观点，我们就可以解释太极拳推手中的一些力学现象。如果把甲乙推手者双方看成两个物体在相互作用，则有以下的力学过程：

甲方直力推乙，乙方并不按甲方作用线方向直顶，而是根据太极拳原则横走之，并以意达于甲方发力点或身体某一部位。这一瞬间，实际上就是力三角形的具体应用。

其中乙—甲方向之力，为甲方推乙方之反作用力，乙—丁方向之力即为乙方横走之力，此时乙方意念所达之丙点，即为乙—丙方向合力之通过点。由图不难看出，乙方横走之乙—丁方向力，远比甲方直推之力小，而达于甲方之合力，乙—丙则比甲方直推之力乙—甲大得多（根据

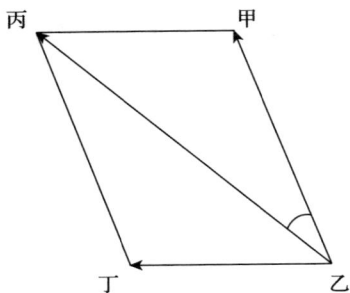

图 12 - 1

作用与反作用相等原则,乙方之反作用力,实际上就是甲方直推之力)。此外,乙方所走之横力,如大小或方向改变,都直接影响合力之大小和方向,其中有一个最佳受力姿势,需要经长时间实践才能逐渐掌握。(图 12 - 1)

以上分析中,许多观点都是从刚体静力学角度来考虑的。实际上,把练习者看成是刚体,与实际情况有出入。但是常见的太极拳推手练习者,其动作姿态并没有与太极拳练习原则完全相符,所以上述分析还是可以说明一定的问题。

第二节 太极拳推手或技击中的弹性力学现象

太极拳训练有素者,身体能够做到既坚硬又柔软。如果根据弹性物体的受力分析来描述推手或技击中的瞬间受力过程,很能说明中乘功夫的推手原理。

太极拳讲究沾连粘随。根据弹性体的胡克定律——应变与引起应变的应力成比例这一原则来描述太极拳的沾连粘随是很恰当的。即外力增加,受力弹性体应力和应变都相应按比例增加,外力减之,它亦减之。弹性体一旦与外力接触,它就始终不丢不顶不弃离。弹性体的受力分析是一个非常复杂的问题,与刚体的受力不一样,弹性体受力后要涉及应力、应变位移以及应力与应变之间的关系,也就是说弹性体受力后会在力学、几何、物理三方面发生变化。在太极拳推手中,僵硬与松静所产生之受力状况是完全不同的。因为僵硬者可看成刚体，刚体受力过程可用分合力来描述，而松静者则近似于弹性体，因而可用弹性力学来作分析。

而弹性体受力后则不然，由于它要按胡克定律来应付外力，所以弹性体受力后，它能始终粘住外力，亦缓亦进。况且弹性体受力后要产生位移，受力情况随时间不断变化。故而弹性体能够缓化外力，不受外力所制，这实际上就是太极拳变化之过程。至于发力瞬间仍可以分合力来解释。但是因为是弹性体受力，在受力接触面，比之刚体接触点受力状况就有法向力和切向力的作用产生，这样作用

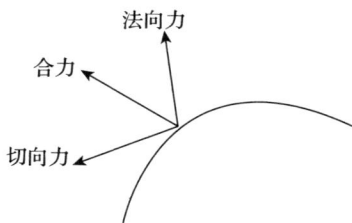

图 12 - 2

到物体，所产生之效果显然又不一样（图 12 - 2）。

法向力就是反抗外力之反作用力，而切向力又可使外力者产生一旋转运动。不难看出，上述过程显然与刚体受力状况不一样。

在推手中，有时还要出现一种双方尚未接触，结果已见分晓的奇怪现象。这种现象很像电场击人，受击者如遭场力所击，未触即跌出数丈以外。这种现象虽然很少见，但据文字记载、前辈口授确实有例。这种技击现象，显然是上述力学分析解释所不能说明的。下面就此问题作一探讨性的解释，供读者参考。

第三节　太极拳推手或技击中的场力学现象

我们知道，练习有素者在操练时有一股暖流或类似水银流动的感觉，这种流动物质，根据得道者体会或古传论述，有坎离移位现象。如用现代科学观点解释，有如磁场之南北极颠倒现象，这种说法恰恰是物理学中的场效应现象。如果根据场效应来解释我们所提的神奇技击现象，似乎就不难理解，人为什么并未接触击发者，就能被击倒。在推手中，对方有犯吾之意，虽未接触，而我方往往已有一股无形的慑力作用其身。我想除了精神因素外，似乎确实有一种看不见的场力在起作用。至于场力大小，与场力源有直接关系。弹性力和场力虽说撰述方法不一样，但是它们都与刚体外力有本质不同，只不过场力比之弹性力，前者应属于上乘功夫。可是不管刚体外力、弹性体或是场力，单纯就力的作用来说，都是力在起作用，只是效果有所区别，或认为这就是太极拳中所强调的"内劲"与"力"的区别及内在联系。

另外，大家都很熟悉，在力学中有力的三要素，就是大小、方向、着力点。如果两力平衡，这两个力必须大小相等，方向相反，作用点不同，则产生力矩，使物体发生旋转。此外，用力推动放在地面上的物体，倘若力的作用线通过物体的重心，那么这个物体就能被我们推动，倘若力的作用线不通过重心，就会发生转动，而推不动这个物体。太极拳推手虽然不和对方硬碰硬撞，然而也不是一味示弱，而是在其中有一种沾粘劲，好像在水中按皮球的情形一样。在水面上按皮球的时候，如果没有找好着力点，则皮球翻滚而不能入水。如果按的时候找好着力点，那么皮球就可以被按入水中。然而，此时皮球对手有一种反抗的力量，这种反抗的力量就好像是一种掤劲。在太极拳中经常用着力点不同而发生转动的原理来化对方的力，如果把自己比成是一个大球，只要使对方来力之方向不通过球心，对方就推我不动。

第十三章　用意不用力

太极拳是内功拳的一种，又是意拳，拳谚云："内功拳首在练意。"随着练拳时间的延长和技术水平的提高，有人便会提出什么是太极拳的意识、什么叫用意不用力、怎样加强意识练习、怎样才能用意等一些有关太极拳的意识问题。这是值得我们研究和探讨的。

意识问题是太极拳的首要问题，所有太极拳理论无不强调以意领先以及意识的重要性。

第一节　太极拳的意识

意识就是人的头脑对于客观物质世界的反映，是感觉、思维等各种心理过程的总和。那么，什么是太极拳中的意识呢？顾名思义，就是在练拳时头脑中没有任何思想杂念，即在未动之前，用感觉思维的心理过程，想动作的要领、方法及动作运行的轨迹。前一动作开始后，随着运动而思考下一动作的开始、发展和结束。这样周期性地进行下去，直至练拳停止。这就是《十三势行功心解》中说的"先在心，后在身"。太极拳要求用意不用力，就是用意识蓄养精神来引导动作，但切记把意识贯注于呼吸或劲力上。如果把意识作为呼吸的途径，想呼就呼，想吸就吸，这样就会出现动作凝滞，不能获得吸则拿得人起，呼则自然沉得下也放得人出的较高技击效果。如果把意识放在劲力上，有意识地去用力，就会造成动作僵硬。从中医角度来说，就是周身气阻不通，就会出现病变。所以说，"切记不可用力，不可尚气，以致有气者无力，无气无力者纯刚。"太极拳的意识就是把动作的方法要领潜藏在脑子里，然后通过大脑的感觉稍微恰如其分地反映到肢体上。正是"以意领先，先在心，后在身"。古今的太极拳理论都非常重视和强调意识问题，在太极拳中一切要求以意领先。所以我们必须加强意识的培养，使太极拳的技术得到进一步的提高。

第二节　意识的作用

意识的作用可以从两方面来谈。

从健身的角度看，太极拳治疗疾病的效果很大，这已是实践证明了的，这里不一一赘述。在太极拳运动中，因为大脑神经都集中在动作中（意识引导动作），运动神经的兴奋性高并且压倒疾病的神经兴奋性。久而久之练习，机体内病神经的兴奋性被驱逐、被抑制，所以疾病的活动范围逐渐缩小。太极拳运动除肢体活动外，最重要的是使神经系统得到锻炼。神经系统除了有运动感觉功能外，还有所谓营养功能（营养神经），调节各个组织和器官的营养，对于机体的活动能力具有重大的意义。神经系统这一功能在运动中具有特殊意义，因为在运动时身体的代谢旺盛，这就更需要加强所有器官和组织的营养，使组织以及周围环境间化学变化和新陈代谢得到增强。太极拳治病和健身之所以有显著作用，就是意识与动作相结合的练法是密切联系在一起的，可见中枢神经系统功能性刺激和积极的训练，有助于使被疾病兴奋所抑制或衰退的功能重新得到兴奋，从而调节各个系统的功能达到治病、健身的目的。

从技击意义来说，意识的存在与否，关系到双方胜败的生死问题。在练拳时，要有意识地假设与对方准备交手时先至对方，每每在盘架后，全身血液循环加强，局部皮肤时常有小虫缓缓爬行之感，手指肚有微汗渗出。这些现象就是"以意领先，以意运臂，以气贯指"。以意领先的主要作用是使竞争中肢体（接触点）感觉更加灵敏，从而使"后人发，先人至"获得成功。另外，在推手中如果准备发放者的意识深而远，就能准而狠地将对方发放出丈外。然而，具备了一定的身体条件而没有进攻将对方打败的意识，那也是无济于事的，所以太极拳的意识所在是非常重要的。

第三节　如何用意识指导实践

前边已经讲过什么是意识，那么如何用意识指导实践呢？先不妨从外因到内因由表及里地建立所意识部位的意识感觉，做一些进行放松的意识练习。例如：甲方对乙方进行语言刺激的意识练习，乙方随意站立听到甲方的语言，进行自我暗示，甲方用诱导性语言刺激是：两脚开立→两目微闭→两肩放松→两肘放松→手腕五指自然放松→涵胸收腹→臀部内敛→腰胯放松→两膝自然伸直。这样反复 1～2 次使乙方进入安静状态，并使其有前后摇晃之感，这就达到了周身放松、不偏不倚的目的。在诱导性语言刺激中声音要柔缓，速度要稍慢一些。这样通过外界诱导性语言刺激训练，对自己内意识形成的过程还必须在练拳中逐渐强化，使其形成"自动化"，在懂得了太极拳基本理论的基础上，用意识引导动作。譬如：太极拳预备式是两脚开立，与肩同宽，两臂自然垂于体侧，头正、眼平视，这仅仅是外形的要求。而意识的要求则是从上到下用意识来蓄养精神，下颌微收，虚领顶劲，沉肩坠肘，指松如戳地，两臂微微内合，胸肌松弛，不要挺胸努气，能涵胸自然能拔背，做到脊背舒展自然腰胯放松，裹裆溜臀，尾闾中正，两膝自然伸直。通过自上而下的意识引导，使其周身放松，轻灵、敏感能力增强。在盘架子过程中，时时处处也能用意识来暗示自己。从身体内来讲，全身放松，气沉丹田，时刻都在蓄劲，含有技击的意念；从外形来看，动作轻松，变化圆转自如，精神内敛，稳如泰山。盘架子中努力做到有人若无人，无人人打影。相反，如果没有意识的引导，盘架子中就会出现盲练，失掉了拳架中一招一势真正的技击意义，精神萎靡，似如木鸡，动作形式化或动作与意识无关，出现轻飘浮散或是动作僵硬，若牵一发而全身皆动的现象。故此，太极拳要求用意不用力，全身松开，以意运臂、以气贯指，这样久久练之才能达到"意之所至，气即至焉"。也正像拳谚所说"意到则气到，气到劲自到"。因而，练习太极拳从始至终必须思想集中，用意达身不滞心，以心至身，这样不断地强化自己内意识，久而久之，练习自如，意到身到劲自到，沾之则发。

第四节　怎样进行意识练习

太极拳的动作在意识引导下进行，也就是在大脑的支配下活动。但是怎样才能进一步的加强意识，使其真正符合"意动身随，势势存心揆用意"的练拳原则，我们不妨从动静的两方面来练习。

桩功

桩功就是站桩。站桩就是没有一招一势的活动形式，是一套固定不动的拳架子。练习时就是从拳路中随意拿出一个动作，摆好姿势，固定不动，用意念指导动作。如左"抱七星"，左臂前伸，右臂轻轻扶按在左臂上竖顶，胸涵而不缩，扩大胸围，两肩微向内扣呈圆背，溜裹臀部，使力量全部下达到支撑腿上。这时试想是否做到上肢松劲，上体涵胸拔背，上下贯串一气，尾闾中正神贯顶。此时应把意识集中到左臂上，胸中感到豁然宽广，视野扩大，好像胸中有成竹，随时都有不沾则罢，一沾即发的思想意识。这样的练习一则提高意识的能力，二则增强了下肢力量，使其在盘架子中周身松沉。

专门性练习

太极拳的每个动作都有它的技击意义，在推手或盘架子中，如果用意浅或丢掉深而远的意识指导，就会出现欲发（放）而发（放）不成，或者只是肤皮蹭痒，打不中敌方，所以要用意养蓄精神意识来引导动作。在初学太极拳时，因为不懂技击的意义和方法，故此要结合套路中的动作培养自己的意识，也就是在未动之前先想动作，随之，运动之后边做边想下一个动作。譬如做倒撵猴时，在未推掌之前，先想推掌动作，随之再做推掌动作，又在推掌开始时想下一个倒撵猴的动作，由虚到实，由左到右，这样连绵不断地想与做相结合，就把意识与动作结合起来，使意、气、劲三者合而为一。

随着动作的熟练，用意识也就能逐渐细致起来，随着动作的变化而不断使意识深刻化。用意识指导手臂和各个部位的着力点（接触部位），逐步做到以意运臂。在这个基础上练拳时，要结合技击方法用意，要像拳谚所说："有人若无人，无人似有人。"进行假设性而含有技击意义的练习，根据技击技术的原理，用意识引导手臂的各个着力点的转换，全神贯注，以意领先，这在太极拳推手中是十分重要的。

《太极拳经》说："在意不在气，在气则滞。"这就是说，气的惰性未免还是大，不如意的灵活。意的灵活性究竟有多高呢？可以说几乎可能无穷之大，因为它的惰性几乎可能是零。所以说太极拳最着重的就是虚实的变化，每一动都要有虚实，一处有一处的虚实，处处总有一虚实。虚实的变化都是通过意识的转变，即有意所注者为实，否则为虚，此时之虚并非无力，只是无意而已。

第五节　意是怎样运行的

太极拳中所用的意，它的运行立体路线亦是走的太极图（图 13 - 1），很像一个钢球或棒球上的接合缝。同时，太极拳的一动就有一个圆圈。在这个圆圈当中又要分清虚实，所以"意"一动也就要成一圆圈，而这圈是根据王宗岳"往复须有折叠，进退须有转换"的这句话，通过实践则形成了太极拳所独有的特点。现以俯视图（图 13 - 2）说明如下。

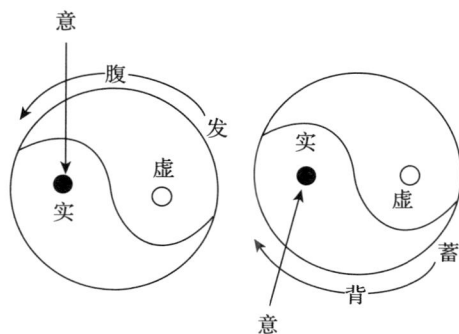

图 13 - 1　太极图

第十三章　用意不用力

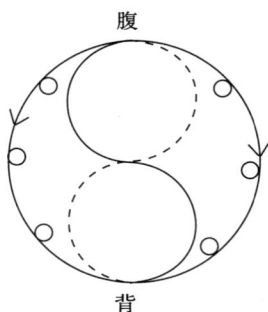

腹

背

图 13 - 2　太极俯视图

圆中反 S 形掉头，即所谓折叠处，圆周上小圈即转换处。实际上转换小圈的数目并不一定（如太极俯视图所示）。

所谓意的路线就是波头的路线，如俯视图所见。在每一瞬间，波头对上或下、左或右、前或后的三个方面，都有不同程度的推动力。这种推动力，接着便传递到相应的气脉中去，从而使这个气脉也反映了和这种路线相仿的虚实变化。这些虚实变化又通过无数脉络，最后在骨肉上反映出来。由于意的灵活具有无穷的可能性，而且再也没有任何东西可以比得过，所以实际上已不需要，你也不能再在虚实变化的策动力方面加以任何改进了。不过若是再提高一步的话，那就是干脆连意的策动也一并消失。这又是怎么说呢？老子说："复归于自然"，便是这个境界。

归纳起来说，关于虚实的初步练习，实际上完全是重心转移的问题。中级阶段的虚实开始和气结合起来了，也就是变成了中气转移的问题；到高级阶段，在重心和气方面，几乎都可以保持平衡了，只是在心意和劲头方面来分虚实。最后，不分虚实而自有虚实，方为最高。至于人的心意比电磁反应还可能灵活到无数倍，实际上也没有任何人工的调整装置能够赶得上，问题只是在于如何把被调整的气和骨肉逐步跟上去。

第六节　左起右落的跷维变化

一个螺丝钉朝右转便降下去，朝左转便升起来，这就是左起右落。螺丝钉为什么要做成这个样子呢？因为一般人做事都用右手，而右手这样转时，便觉顺遂得力。这又是什么道理呢？很多人会以为这不过是习惯，假如从小左手习惯了，还不是一样吗？实际上，也确有少数人从小就用左手拿筷子的、甚至还有用左脚踢球的呢。其实这不完全是属于习惯，这主要是人身内的中气向左或向右旋转时，有着不同的效果所致。男的右转时为开为蓄、左转时为合为发，女人则反之。使用左手左脚到底还是少数。这种规律，每个人都可以简单地试验来证明，除了转螺丝之外，也可以用左手或右手，反复地抽回来打出去，就可以明白哪只手比较得劲了。这就是中气转动方向，对于用劲的性质有着绝对的决定作用，也就是左右对起落有个绝对的关系，而不是相对关系。但是一般人也许还感觉不到中气的活动，也就一时难以理解。从中国古代有关医疗或气功的书籍中，便可见到"男左女右""男则左转、女则右转"等的说法。这个规律虽然早被发现，且又记载得如此明确，但由于只有极少数人留意到它，而且，也只有更少数的人能够从自己的身上求得证实，所以它几乎一直是默默无闻的。如要教人承认这个规律，最好请他自己练功夫，练到某个程度，自然就会心领神会，而不需要任何解释了。正因为一般人都易于把左右的活动看成是完全相对的，所以这个规律在练功夫方面就显得特别重要，必须把其搞清楚。

中气在丹田内做向左或向右的旋转时，它为什么会表现出不同的效果来呢？这就是由于主宰一身左右之阴阳跷脉的作用。跷脉之所以称为跷脉，因为它有个与众不同的特点。例如中气向前转，会对前面的任脉起推动作用；中气向后转，会对后面的督脉起作用。但对跷脉来说，情况就不同了。对男人来说，中气向右转时，并不是对右边的阴阳跷脉都有推动力，而是根据中气本身左起右落的自然规律，以及跷脉阴升阳降的特点，只对其中的阳跷有所推动；而且还不是只对右边的阳跷有推动力，对左边的阳跷也有推动力。同样，中气向左转时，不仅对左边阴跷有所推动，同时对右边的阴跷也有推动力（以上情况只在练拳到高级阶段时才能自觉地完全如此；在初步时，中气在丹田内还不能有意识地进行转动，即使有点作用，也只和一般人一样是属于自发性的；在中层开始时，中气只是晃动，一边实，一边空虚，即有一边空虚，也就谈不到任何作用了）。对阳跷的推动效果，就使得手足阳脉变实，阴脉变虚，而成为开或蓄的过程；对阴脉的推动就使得阴脉变实，阳脉变虚，而成为合或发的过程。练拳的同时，当然还有任督二脉开合的作用。至于和跷脉近于并行的维脉的作用，在此可以稍微说明一下。维者，维持调和之意。例如练螺旋劲的松紧，在一个开或合的过程中，往往有两三个转换或波动。由于维脉天生有一种"阻尼"作用，在"气压"激增时，起一种节制作用，而在其衰退时，则起一种迟滞作用，这就使它可以拉平波动，而使用劲平衡起来，很像电气回路中滤波器电容的作用。中气虽然对维脉也有直接联系，但是维脉还是作为跷脉的助手而进行工作的。气的开合情况很像一个气球，开时"支撑八面"如球的鼓起，对外有吸收的作用；合时"专主一方"如气球之放气，对外有冲击的作用，这便是武术上"引进落空合即出"的原理。

在练拳中应如何逐步配合利用这个"左起右落"的规律呢？在这个规律的配合中，主要有一个问题，就是在架子的动作上所有的左右虚实，对于蓄发的关系往往不得不和这个规律相矛盾；另一方面，由于炼气程度的限制，要有意识地利用这个规律，也必须等到最后"丹田气转"的阶段才行，而要充分发挥这个规律，则须等到跷脉打通循环以后才行。

我们仍旧按炼气的三个程序来讨论这个配合的问题。

第一步，"炼精化气"的阶段。在气的方面，所炼的是任脉的上、下提放，这和丹田旋转的距离不远，还谈不上由丹田发动跷脉的问题。在虚实方面，这时主要是重心的转移问题。重心转移只能根据架子的需要，不能根据"左右起落"的规律，若是一定要根据"左起右落"的规律来练，有时就不能利用重心的转移来变化虚实了。

第二步，"炼气化神"的阶段。在气的方面，所炼的是任督脉的循环和丹田的晃动。其中丹田的左右晃动对跷脉是会有较大推动作用的，但这种作用只能为打通跷、维脉打下基础，还不能是跷脉发挥正常的作用。比如中气右晃时，其效果和右转而开是显然不同的。右晃时，右实左空，右边的阴阳跷脉便会全都充实起来，而左边全都是成为虚空，这显然就不能达到开的效果。在虚实方面，主要就要靠这种气的晃动来分，其对"左起右落"的规律所造成的矛盾，也和第一阶段相似。假如一边全实，一边全空，并且是百分之百的晃动性质，那么在左右转变时，可以说是毫无开合作用的。实际上当不至此。在第二步向第三步过渡时，丹田气便能转了，这就开始要打通跷脉的循环，发挥出它的"阴上阳下"的特点，以便主要依靠跷脉，进行以气运身，可逐步地由开合造成左右、前后的活动，而不再是由左右、前后的活动来造成开合。从而，也就可在虚实变化中保证不偏不倚了。

第三步，"炼神还虚"的阶段。在气的方面，各路气脉，包括跷脉在内，都逐步走成循环，丹田气也能逐步转成了立体的太极图路线。在这个阶段里，丹田气向右、向下、向后转时，对于也向下走的阳跷脉有助长作用。同时，向后面转时，虽然有向下的趋势，但因尾闾不通，加以吸提的作用，反而向上时督脉起推动作用，于是全身就造成了开。丹田气向左、向上、向前转时，对于边向上走的阳跷有助长作用，同时向前面转时，虽有向上的趋势，但因手足发劲，气都上走阴跷，加以呼吸的作用，故任脉气仍降至丹田，全身就造成了合。此外，丹田气本身也有个"右开左合"的特性，便也成为推动督脉而吸引任脉的主要原因之一。

第七节　张与弛的关系与作用

王宗岳在《太极拳论》中说："蓄劲如张弓，发劲如放箭。"所谓蓄劲、发劲，正是一张一弛。张弛二字偏旁都从"弓"，可知是开弓射箭的意思。

太极拳所讲的"一开一合"，就是一张一弛。说到一开一合，便要懂得意、气，若只从身形外面来看，就不免造成误会。比如"弓"，它的一开一合、一张一弛是相符合的，外形上一开一合，内力上便正好是一张一弛，故按外形可辨其张弛。但对人来讲，比"弓"要复杂些，外形开合，内力张弛，就不一定都是相符的了。人身的张弛不以外形为准，而主要是以中气或劲力为准的。劲和气是不可分割的，气在哪里，劲就在哪里。练拳中一吸一呼或一蓄一发时，中气便一开一合，身体就一张一弛。所以蓄劲时不论身形开合，都成开劲，同样的，发劲也都成合劲。开时如离中虚（☲），外实内虚；合时如坎中满（☵），外虚内实。内家拳意气为上，不重外面，所以说开合不说张弛，如按意气来说，开合和张弛也是一致的。但初学拳时，不可能马上就结合到气，而只能先搞身体运动，开合难分，张弛易明，所以不如先谈张弛的问题。有人问"松开"不就是全身放松吗？为什么又要一张一弛呢？首先谈放松问题，试想全身放松后，除了就地躺下之外，还有什么其他可能呢？练拳既是一种运动，也就必须一张一弛或说一紧一松，只松不紧要躺下，只紧不松要僵住，其理甚明。其次，这句话是在解释"用意不用力"这个要点时说的，因此要彻底了解这句话，就必须全面地研究"用意不用力"的解释，方才不致误会。不难看出，全身松开的目的是"不致有分毫之拙力"，以便"轻灵变化，圆转自如"和"意之所至，气即至焉"，于是得到"如绵裹铁，分量极沉"之真正内劲。可见，全身松开是一张一弛中的总要求，而放松却只是一个"弛"。其实只弛不张就会造成软弱无力的后果。"弓"要用时先要上弦，这在练拳也是一样，必须"上着弦"，不能尽量放松，否则就没有弹性了。主张全身放松的人显然会搞错，而且练法正好相反，不但不上弦，而且可能大大放松，只要仍旧站得住就行。这种张得不足而弛之太过的练法，最多只能造就一张软弓，只在部分范围内才具有弓的弹性。拳论云："气以直养而无害，劲以曲蓄而有余"，才是正确的要求。此练法和放松的练法相反，但要求不断提高强度，争取做强弓硬弩。故在张的方面采取积极态度，只要弹性够，尽量张好了。张、弛时要注意，必须留几分劲，因为弛过度时，身便散乱了。当然，在弛的方面也要发展，以扩大适应性。重点仍应注意张的方面。

张的幅度是个重要的问题。依据上述意见，主要是个力量的幅度，而不单是距离的幅度。再拿弓来讲，其张弛幅度最大时，射箭也最远。但这个幅度在张和弛的两端不免要受限制，张到某个程度时会折断，而弛到某个程度时又会散乱。因此，这个幅度也就被限制在折断和散乱的中间。在这中间一般距离内，不论张或弛，弓体中力的分布都有一个总的特点——均，也就是在每一瞬间，弓体中任何一点张的力量都是相等的，而且整个弓体在张弛过程中，每一点张力的增减率也都相等。在空间和时间的分布上，张力都很均匀，这便是弹性物体的共同点。反过来说，若想保持弹性，就一定要注意"均"的问题。练拳当然要比开弓射箭复杂得多，但实际上完全可以通过同样的概念来理解。因此，为了达到理想的效果，拳必须力求在均的条件下有最大的张和弛的幅度。

说到这里，我们把"均的条件下有最大幅度"的原则结合练拳来研究一下。假定是某一张固定的弓，其均匀程度和幅度是固定的，因而其强度（即最大的张力）是固定的，或是硬弓，或就是软弓。但对某一个固定的人来说，他的均匀程度和幅度却是可以变化的，而且练拳的基本目的也就是为要改进均匀的程度，以求成为一张可硬可软的弓。那么，在练拳中，应该先求均匀还是先求大幅度呢？这就要因人而异了。比方年轻人身体弹性好，就可以多练练幅度；年纪大的和体质弱的则不妨练练均匀，再在较均匀的情况下稳步地增加幅度。实际上在任何事物的发展过程中，均匀只是一个暂时现象（某一条件下的均匀），而不是经常现象，练拳当然也不会例外。增加幅度破坏均势，再取得均势，其最后目标还是均。

第八节　劲与力的区别

上面所谈到的"均"乃为天下之至理，可以拿来作为"内劲"的注解。科学家在实验室中把钢铁等金属加以特殊处理，使它们的组织变得更均匀之后，它们的强度便能增加到几百倍甚至一千倍以上。或把食盐这样稀松的物质，冷却到近于绝对零度，使它们的组织变得均匀后，它们的强度便也可接近于钢铁。所以从科学实验来看，太极拳的发劲"如百炼钢，何坚不摧"，也不是夸大其词的。

外家拳和内家拳有一个本质上的共同点，即两种拳都是以一张一弛来运动的；但也有一个本质上的不同点，那就是内家以张为蓄，以弛为发，即所谓"蓄劲如张弓，发劲如放箭"，而外家拳则"以弛为蓄，以张为发"，正好相反。

总之，不论什么运动，脱离了一张一弛的规律是绝对无法进行的。而且，根据人身的自然规律，还总是在张时吸气，而在弛时呼气的。我们为了便于说明问题，就把凡是配合呼吸和全身统一的用力都称为劲，弛时呼气便是内劲，一张一弛轮换而行，一内一外互为其根，可见决无外劲脱离内劲，也无内劲脱离外劲，关键问题只是在于起作用的是哪一种劲。用内劲作为发劲的成为内家拳，用外劲作为发劲的便称为外家拳了。所以内家拳并非只有内劲，而只是以内劲为用罢了。外家拳正相反。

根据上述原则，我们把不配合呼吸或不统一的用力都直接地称为拙力。它使人们的运动不协调，或使各部分力量互相牵制和抵消，这样运动的效率当然就很差。例如举重，一般初学的人就屏住气往上举，不但吃力，并且不讨好，甚至还会扭伤。一般人在小孩时期的用力相当协调，也就是所谓整劲，渐渐成长后，在劳动或运动中培养成局部用力的习惯，以后就不容易改掉了。在练拳中，所以要"用意不用力"的原因，便是要防止这种条件反射的局部拙力，而不是绝对不许用力。因此，谈到用劲，便首先要克服局部用力的习惯，而这是很不容易的。

按外劲或内劲的本身来看，它们都是配合呼吸的用力，这算是劲，分不出彼此有什么优劣。但如结合某种运动的具体目的来看时，就可以比出优劣来了。例如举重，按这种运动的目的来看，显然外劲就占了绝对优势，你想把石担往上举时呼一口气，那样行吗？当然不行。一呼气全身一松，石担就有往下掉的可能，所以往上用力是不能呼气的，呼气是不合理的。再如打夯、推车，这就必须用内劲才行。人们在打夯时，总是唱起号子，以便加一把劲，这就是因为他们用劲时总是呼出一口气，若是用"闷口劲"来打夯，当然也就会不得劲了。还可以在物理概念上来说明一下内劲在武术上的合理性。如前所述，所谓内劲就是以弛为用、以张为蓄的用力方式。于是从能量的变换上说，张就是能量的积蓄过程，弛就是能量的释放过程。如果需要一种顶劲、抗劲，如耕地、举重等，就应在张的过程中起作用。能量的增加引起了张力或压力的增加，于是就克服了阻力而做功。但如果需要的是一种打击力、推动力，如打铁、射箭、开炮等，就应在弛的过程中起作用，能量释放的结果就使铁锤、箭或炮弹得到必要的加速。因此，在技击上讲，用内劲就像开炮、射箭

第十三章　用意不用力

的推动力和打铁锤的打击力，用外劲则多呈现出顶撞或相互对抗的局面，最后是力大者胜。

内劲的张弛蓄发，初练时比较粗糙，即所谓直来直去，不能持久，有停顿，身体上也会发生凹凸和缺陷。进一步即曲中求直，圆转运行，在一张一弛的过程中力量虽在不断地变化，但速度仍可保持均匀，全身亦可始终保持松开，以满足太极拳的原则要求。根据简单的物理概念就可知道，在各种运动中，只有圆圈运动才能在外力变化的作用下仍可保持均匀的速度，而且也正是由于圆圈运动的离心力和向心力的作用，才可使人身一直保持松开的状态。至于太极拳所谓"四两拨千斤"和"以静制动"，更是舍掉转圈便不可能了。

最后我们说，练拳的懂劲与否，主要的考验就是对敌。下面就按一般常见的对敌方式，顺次说明用劲的粗细。最粗的要数斗牛，基本上都是拙力。其次是各种摔跤，在斗牛的基础上已经有了一些变化，但其中也有粗细之别：如果是硬把人扳倒，这是外劲比较粗；如果能爽快地把人摔出去，内劲就比较细了。再其次是拳击和击剑，已开始讲究步法和利用体重了，但一般仍以外劲为主。然后便是少林拳，其身法灵便，拳沉脚重，历代都不乏高明之士，可是大都还缺乏贯通而流于驳杂，以致仍难越出"手快打手慢，有力打无力"的范围。所以欲达到"岂以力胜，快何能为"的程度，只有真正练好太极拳才行。一旦练到相当细腻的境界后，自然就会明白前人所言不虚了。

第十四章　太极功法的阴阳哲理

纵观宇宙空间，从宏观天地到微观世界，都有浑然太极之理。古人云："太极者，无极而生，阴阳之母也。"

的确，如果我们仔细观察，细心揣摩，形形色色的物质世界，无一不处于阴阳动静的运动中。因此，用阴阳哲理来剖析某一特定事物的始终，就一定会抓到事物的本质。同样，用阴阳哲理来指导实践，也一定会理为吾用，成事圆满。

目前流传于世的太极拳派式很多，有关太极拳的理论论述也不少，但是，万变不离其宗，集诸家百说于一理，我想是否可用以下几句话来概括之，即"头顶太极，怀抱八卦，脚踩五行"，应该是太极拳的庐山真面目。

俗话说"天下把式是一家"。就理论上，任何拳术讲究动静分阴阳，变换循八卦，运行轨五行，这岂不是任何武术运动的普遍规律吗？为此，本节就是想从武术正宗上来探讨一下太极拳的理论问题。

第一节　太极要义

老拳谱上讲："太极本无法，动即是法。"这种观点，应该是武术运动的普遍真理。就太极拳这个特定的事物来讲，因为太极之初廓然而无象，动则分阴阳，阴阳即为太极。例如：盘拳之初的预备势，其体象为清心寡欲，浑然无象，实际上这就是无极。由动才变，变则生阴阳，阴阳为两仪，两仪由太极而生。所以说，太极是无极而生，阴阳之母。至于拳谱所指之法即寓阴阳孕生之哲理。同时告诉人们，太极拳在技击过程中，没有固定招数，只有在动静阴阳中，才能形成某一特定条件下的种种法则，而任何法则的精髓，千变万化也决不会离开阴阳。大到无限的多维空间，小到不可再分的几何学上的一点，每动有每一动的阴阳虚实瞬间，每处有每一处的阴阳虚实变换。由体到行，由表及里，无一违背阴阳之理。所以说，太极拳体用演练者，头脑中时刻应该想阴阳，每动必须循阴阳，否则枉下工夫终生，到头来还会是瞎子摸象，谈非所谈，用非所用。

第二节　太极八法要义

拳谱上常见太极十三势之说，在理解中，有人把十三势说解成十三个姿势，这是不正确的。

实际上太极十三势是十三种方法，这就是我们平时所讲的掤、捋、挤、按、採、挒、肘、靠，进、退、顾、盼、定。其中前八字是八种手法，后五字是五种步法，即俗称八门五步，或称八卦五行，都是指这十三法。

前文提到，怀抱八法，也就是指八种手法，而这八种手法又与文王八卦方位图有严格的四正四隅对应关系。

太极拳理属内家拳种，因此，八卦方位与人体对应各有其窍，而每窍在人体经脉脏腑中又各有其位。这样在太极拳运行中，以意引气，按窍运身，意到气到，气到劲到，这就是太极拳内练要义的根本所在。实践证明，太极拳久练得道者，不但在技击上可出奇效，在保健上也会起到祛病延年的效果。

为了使读者确切了解太极八法所属经脉脏腑窍位，与八卦的对应关系，现按八法顺序详述如下：

掤。在八卦中是坎，中满。方位正，北，五行中属水，人体对应窍位是会阴穴，此穴属肾经。八法中此字主掤劲。

捋。在八卦中是离，中虚。方位正，南，五行中属火，人体对应窍位是祖窍穴，此穴属心经。八法中此字是捋劲。

挤。在八卦中是震，仰盂。方位正，东，五行中属木，人体对应窍位是夹脊穴。此穴属肝经。八法中此字主挤劲。

按。在八卦中是兑，上缺。方位正，西，五行中属金，人体对应窍位是膻中穴，此穴属肺经。八法中此字主按劲。

採。在八卦中是乾，三连。方位隅，西北，五行中属金，人体对应窍位是性宫和肺俞两穴，该穴属大肠经。八法中此字主採劲。

挒。在八卦中是坤，六断。方位隅，西南，五行中属土，人体对应窍位是丹田穴，此穴属脾经。八法中此字主挒劲。

肘。在八卦中是艮，覆碗。方位隅，东北，五行中属土，人体对应窍位是肩井穴，此穴属胃经。八法中此字主肘劲。

靠。在八卦中是巽，下断。方位隅，东南，五行中属木，人体对应窍位是玉枕穴，此穴属胆经。八法中此字主靠劲。

上述八个字的卦、位、体三者之对应关系可由下图（图 14 - 1）表示之。

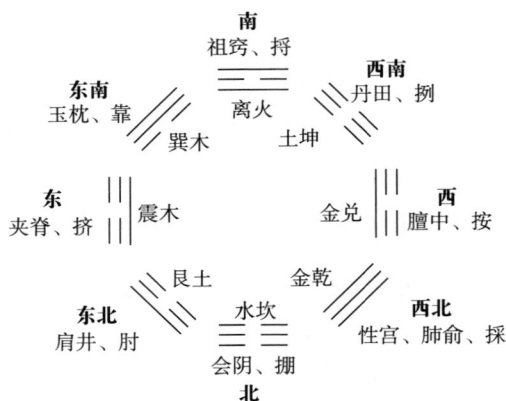

图 14 - 1　八法八卦图

第三节　太极五步要义

太极五步是太极十三总势中的五种步法，前文中提到脚踩五行，就是指进、退、顾、盼、定五种步法。这五种步法同样也对应着人体经脉脏腑的有关窍位，同时也对应着天之五行，即金木水火土。现将其对应关系分述如下：

前进。在五行中属水，方位正，北，人体对应窍位是会阴穴。此穴属肾经。

后退。在五行中属火，方位正，南，人体对应窍位是祖窍穴。此穴属心经。

左顾。在五行中属木，方位正，东，人体对应窍位是夹脊穴。此穴属肝经。

右盼。在五行中属金，方位正，西，人体对应窍位是膻中穴。此穴属肺经。

中定。在五行中属土，方位正，中央，人体对应窍位是丹田穴。此穴属脾经。

上述五步的五行、体、位对应关系可由图 14 – 2 表示。

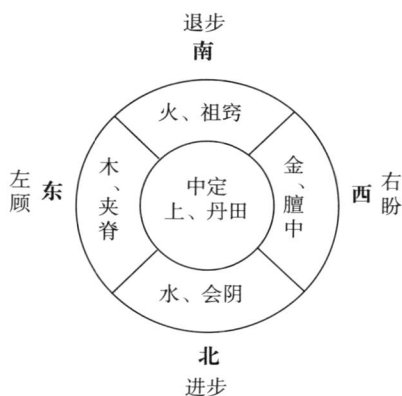

图 14 – 2　五步五行图

第四节　天干地支要义

以上讲了十三势与八卦、五行与人体穴位之间的对应关系。从对应关系中，我们可以看出十三势功法在保健和技击上的意义。因为功法在人体有穴，所以十三势行功时，实际上就是循经内练，这样必然会使人体的气血流通无滞，从而起到祛病延年的保健效果。

前文提到，太极十三势是十三种方法，这里所指的方法，究竟与理论所讲"太极本无法，动即是法"有什么内在的联系呢？这是一个很值得讨论的问题。前文提到"太极由动而生法"所讲的动，在太极运行中就指意动；所讲的法，实际上是在意念引动下的阴阳产物，在技击中也可以说是舍己从人、后发先至的听劲反应。总之有劲时才生阴阳，有了阴阳才能产生出基本方法中的某一特定方法。不从时间和空间的概念来描述十三法的特定状态，就无法理解太极拳的每动有每动之虚实、每处有每处之虚实的说法。我们可以把太极功的运行，看成一个在空间运行的浑然大球，球中可孕阴阳，阴阳因意动而生，而十三势正是在大球运行中因意念引动而产生的基本方法。所以说浑然大球并无法，只有意动才生法，这就是十三势与拳论上有关论述的内在联系。从整个太极功法的运行来看它是连续的，但它是从基本方法的任一特定状态下的一个瞬间原点。

太极功法在技击中，就劲别来看，由十三种基本方法的不同组合，可形成劲法达三十六种之多。如果我们再进一步思考，劲法的产生是由意动而来。意念如何动？劲法如何生？这是本节要讨论的核心问题。

要分析这个问题，首先得从天干地支说起。天干地支本来是我们的祖先用来描述天地日月运行规律的计时符号，但是在太极拳中，天干地支又被用来描述阴阳变换和劲法产生的基本原理。

在五行统论中，天干立十，以应日象，它为天之五行。十干分甲、乙、丙、丁、戊、己、庚、辛、壬、癸，它们与五行方位之对应关系见干支五行图（图14-3）。

地支十二，以应月象，它为地之五行，十二地支分子、丑、寅、卯、辰、巳、午、未、申、酉、戌、亥，它们与五行方位之对应关系见干支五行图。

天干地支在太极拳法中，用十天干对应人体之窍，以应十三势中之五步；另用十二地支应人体之窍位，通过六合六冲，以应十三势中之八法。

后退
南

辰　　　巳午　　　未

火

丙丁

卯寅　甲　中定　庚　申酉
东　　乙　木　己土戊　金　辛　**西**
左顾　　　　　　　　　　　　　　　　右盼

壬癸

水

丑　　　子亥　　　戌

北
前进

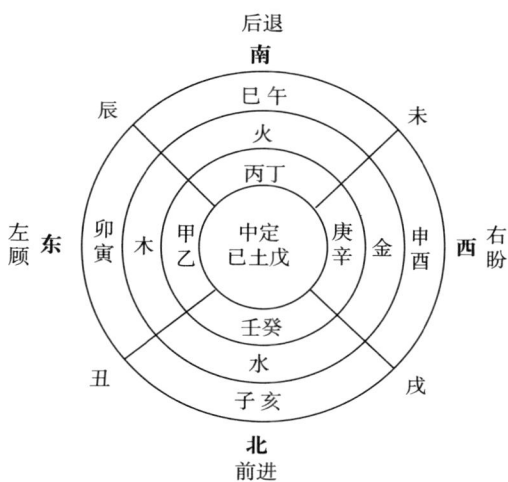

图 14 - 3　干支五行图

　　十天干与五步之间的因果关系，由干支五行图可知，天干与五行之对应次序是：东方甲乙木、西方庚辛金、南方丙丁火、北方壬癸水，中央戊己土。前文讲过五行在人体都对应有窍，所以天干与五步的关系，即左顾木，右盼金，前进水，后退火，中定土。

　　前进。如欲前进，只要意想会阴穴，眼神朝前上方看，身体便自然前进。

　　后退。如欲后退，只要意想祖窍穴，眼神向前下看，身体便会自然后退。

　　左顾。如欲旋转前进，只要意想夹脊穴往实脚之涌泉穴上落，身体便会自然地螺旋着前进。

　　右盼。如欲旋转后退，只要右手抬至与乳平（即以拇指和膻中穴相平），同时左手抬起至肚脐与心窝之间，而左右两手手心均朝下，意放膻中穴微收，眼神顺左手食指往下看，身体便会自然地螺旋后退。上述为左虚右实，反之亦然。

　　中定。如欲立稳重心，只要意想命门和肚脐，立刻就会身稳如山岳。

　　所以说五步应五行，五行在人体中应五窍。因而五步练在内，形于外，只有内外合才能灵活奏效。

十二地支与八法的关系是通过六合六冲产生的，所谓六合六冲可由六合六冲图（图14-4）表示。

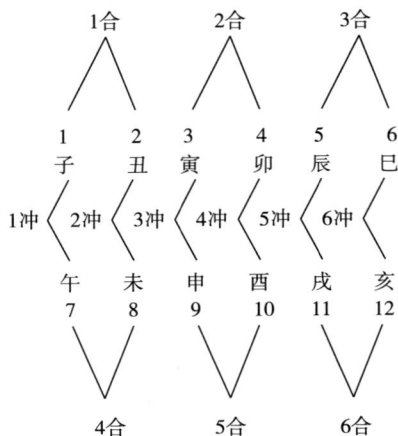

图 14-4　六合六冲图

图中按地支顺序编号，如果规定奇号为阳，偶号为阴，则六合中每一合都是阴阳相合而互为根，而同奇或同偶不能存便为冲。

十二地支对应人体也都可归窍。但是它与前面所讲的八门五步之窍位不同，前者有形地指出了四正四隅八方的固定符号，而十二地支与人体窍位之对应，完全是通过意念的变动和想象所产生的结果。正因为有这种意念活动，与意想中的穴道合成相冲就产生了太极八法诸劲。为使读者进一步了解其中的要诀，现将十二地支对应人体穴道之分布情况说明如下。

子在腰（命门或会阴穴），丑在胯（环跳穴），寅在脚（涌泉穴），卯在背（夹脊穴），辰在肩（肩井穴），巳在手（劳宫穴），午在两眉中间（祖窍穴也叫玄关），未在肩（肩井穴），申在手（劳宫穴），酉在胸（膻中穴），戌在胯（环跳穴），亥在脚（涌泉穴）。

由文中可以看出，子、午、卯、酉各作一支固定不变，肩、胯、手、脚作两支，原因是冲合变化随重心转换而变化和转换。除子、午、卯、酉不变外，余者各干也因重心变换而换穴位。例如：重心在右脚时，辰在右肩，未在左肩，丑在右胯，戌在左胯，巳在右手，申在左手，寅在右脚，亥在左脚。反之类推即可（图14－5、图14－6）。

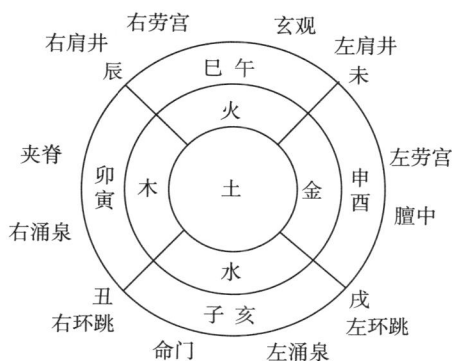

图 14－5　右重地支分布图

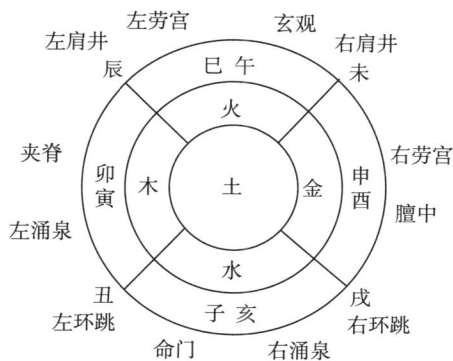

图 14－6　左重地支分布图

由地支分布图可以看出，重心的转换并不影响子、午、卯、酉，就是所说的四正，其余各支都因重心转换而变换，这实际上就是四隅。

在太极功的运行中，重心是通过意动而变换的。而重心的变换全过程，实际上就是在意念引动下通过地支的六合六冲来完成的。地支的六合完成，重心的转换也就完成。六冲实际上也就是隐含在六合之过程中。合是地支相结合，冲是地支相排斥。又因地支在人体对应有窍，所以合与冲的过程，就是在意念活动中人体的穴位相合和散的过程。但是不要忘记开合是阴阳，阴阳必须互为其根，否则孤阴不生，独阳不长。而六冲六合就是阴阳，这个阴阳消长过程就是意念引导下的地支冲合过程。太极功法的八法五步正是由地支的不同冲合而产生的。

掤劲。掤劲是通过地支中子与丑相合产生。例如：重心在右，意念就想命门穴与右环跳穴相合，掤劲便会产生。反之亦然（以下类推，不再赘述）。

捋劲。捋劲时是通过地支中午与未相合产生的。例如：重心在右，意念就想祖窍穴与左肩井穴相合，捋劲便会产生。

挤劲。挤劲是通过地支中寅与卯想合产生的。例如：重心在右，意念就想夹脊穴与右涌泉穴相合，挤劲就会产生。

按劲。按劲是通过地支中申与酉相合产生的。例如：重心在右，意念就想膻中穴与劳宫穴相合，按劲就会产生。

採劲。採劲是通过地支中戌与亥相合产生的。例如：重心在右，意念就想右环跳穴与右涌泉穴相合，採劲便会产生。

挒劲。挒劲是通过地支中寅申与巳亥相冲而产生的，包括上挒和下挒之劲。例如：右手心朝上时，意念就想左脚的脚心（涌泉穴）向后蹬地，这样就产生了上挒之劲；右手心朝下时，意念就想右劳宫穴与左涌泉穴相合，这样，下挒劲便会产生。

肘劲。肘劲是通过地支中辰与巳相合产生的。例如：重心在右，意念想右肩井穴与右劳宫穴相合，肘劲便会产生。反之亦然。

靠劲。靠劲是通过地支中辰戌或丑未相冲而产生的。例如：重心在右，意想右肩井穴与左环跳穴相合，这叫辰戌相冲；重心仍在右，意想右环跳穴与左肩井穴相合，这叫丑未相冲，前者为肩靠，后者为背靠。

从以上所讲的天干地支与太极十三法的关系，我们不难看出，太极功法的锻炼都是由意念导引通过人体窍位的冲合完成的，因而冲合的完成过程，也就是太极十三总势的锻炼过程。目前太极拳虽然流派很多，套路也长短不一，但是万变不离其宗，谁也没离开太极十三总势，即阴阳、八卦、五行功法。读者到此一定会领悟到，太极功的运行过程，实际上就是六合六冲的反复变换过程。所以说太极本无法，或太极浑身都是手，所阐明的哲理就是阴阳哲理，而在体用中的具体意义是指太极拳运行中，每一瞬间，每一点，都会因动而生法，有法即出劲。太极盘拳所以要慢，慢在意念要把六合六冲在体内不断变换，练时慢，用时会因意动生法，反应骤然，攻防永在人先。为了使读者能把上述心得要诀用于盘拳实践，下举一例可与读者共享，为体用实践证明冲合要诀。

例如右抱七星，六合是这样形成的，以右实腿为一条直线，作为六合的集中点。六合开始拿子（腰）与丑合，即腰与右胯相合之后，均往右脚心位置上集中。接着寅与卯合，以右脚与脊背相合之后，也往右脚那里集中。以下类推。如辰（右肩）和巳（右手）相合，即右手抬起使拇指与心口窝前后对正，手心朝前；午（祖窍）和未（左肩）相合，即用意想左肩，眼神仍保持向前平视；申（左手）和酉（膻中穴）相合，即左手向前上方抬起，使拇指与鼻尖前后对正，手心朝向前胸；戌（左胯）和亥（左脚）相合，即相合之后使左腿往前伸直，脚跟着地，脚尖扬起，这时，意念全往右脚集中，所谓抱七星式的六合便完成了。在拳路中，因为重心又要随意动而变换，所以六合完成也正是六冲的开始。在整套拳路中，六冲六合始终在意念引动下，阴阳互回地在不断共存变换中，而太极功法的各种劲别，也正是在六冲六合的不同组合中孕育产生。请读者根据以上所谈，自己去揣摩太极拳的真正精髓吧！

附

录

恩师王培生先生的拳术风格

已故著名武术家、吴式太极拳巨擘王培生老师，年逾八旬时，仍耳聪目明，精神矍铄，身轻体健，出手不凡。

王培生老师以吴式太极拳闻名中外，他武学知识渊博，根扎八方，基础厚实。他 12 岁步入武林，先后师从名师学练过八卦掌、太极拳、通背拳、八极拳、弹腿、形意拳等拳法。他的吴式太极拳得自杨禹廷师爷，并蒙王茂斋师祖亲传指导。经数十年如一日的苦练研磨、教学实践和实战总结，他最终将所学各派拳术之精华融入了吴式太极拳中，对吴式太极拳的发展和成熟做出了突出贡献。

我师从王培生先生练拳多年，通过反复观察，细心体认，仔细品味，觉得王老师的太极拳术有很高的艺术价值，文化内涵极深。归结起来，我认为有神、隐、速、险、博五大特点。

神者，神充气足，神妙莫测之谓也。王老演拳，观之神足，悟之神妙。使人如观奇景，如临妙境，令人神清气爽。观他举手投足，松静体悟，如春风拂柳。王老发人，妙招奇手，层出不穷，而且出神入化，纯任自然，一应神光，犯者立仆。

隐者，虚静空无，不显不露之谓也。王老演拳，静如大地复苏，无声无息而万象更新。心如止水,形似山岳,而四梢齐发,如春生万物。静中寓动,其情融融,内含无限生机和活力,有巨大力量潜运其中。王老发人如风似电,无形无相,所向披靡,跌翻妙绝,空灵难以言传。看似至柔,实则至刚;看似至刚,实则至柔。刚柔兼备,阴阳合一。动静缓急,运转随心。神以知来,智以藏往,神意内藏,不显外相,实乃功臻上乘矣。

速者,快也,疾也。如矢赴的,如电击人,至疾至速之谓也。王老演拳,动如江河直下,气势磅礴,不可阻挡。身如江河,手似漂凌,动中寓静,静中寓动,打手发人,势如风摧潮涌,迅若闪电雷鸣,使人无处可逃,无力抗争。

险者,危机险相临近之谓也。王老演拳,浑然无迹,妙手空空,含光默默,缠绕回还,精神百倍,中气实足。观其行,如履深渊薄冰,心胆俱悬;看其动,如蟒蛇穿林,惊悚迅疾;视其神,如闻虎啸猿啼,毛骨悚然。与王老交手,不动则已,动则如临深渊,如踩毒蛇,惊心吐胆,失魂落魄,险相横生。王老周身无处不是轴,无处不生勾,无处不翻板,无处不机关。扶之则倾,按之则翻,触之则发。

博者,广大深厚之谓也。王培生老师,功高莫测,博古通今,博学多才,博采众长。从理论和实践的结合上,把吴式太极拳术发展到一个前所未有的新阶段。他善于以理(生理、物理、伦理、哲理)论拳;以拳晓法(做人之法、做事之法、技击之法);以法示道(天道、地道、人道、三才合一之道);以道育人(文明礼貌之人、博学多才之人、开拓进取之人、奉献社会之人)。他善于把祛病强身、技击抗暴、挖掘人体潜能、为人处事等有机地融于吴式太极拳法之中。他把吴式太极拳发展成为如《易》道之"无所不包""无所不统""无不受益"的特色科学,特殊文化,至上至尊之艺术,其拳术理论至简至深,至易不易。

王培生老师一生不二,武坛耕耘近 70 年,其从武时间之长,实践经验之丰富,功力之深厚,学识之渊博,理论之深透,门人之众多,在当今武坛屈指可数，可说是独领风骚，独步一时。

　　作为王老师门下之人，应谨遵先师教诲，自强不息，不图虚名，不尚空谈，不侮师门，为推动武术事业和促进全民健身运动的发展，振兴中华，尽心尽力，不断做出新贡献。

王培生先生所编太极八法歌诀

吴式太极拳劲源心法歌诀

　　　　掤劲命门找环跳，捋劲食指画眉毛。

　　　　挤劲脊背找前脚，按劲凭栏楼下瞧。

　　　　採劲玄关找肩井，挒劲意在蹬后脚。

　　　　肘劲劳宫肩井合，靠劲玉枕扛大包。

吴式太极十三势用法歌

五行步法歌

前进（水）歌

　　　前进属水窍会阴，意想命门气催身。

　　　眼神前上似追人，全身自然向前奔。

后退（火）歌

　　　后退属火窍玄关，意在祖窍前下看。

　　　神与两足角三点，身自后退只等闲。

左顾（木）歌

　　　左顾属木窍夹脊，以意行气脊贴气。

　　　螺旋直进动中挤，进退转换旋转体。

右盼（金）歌

右盼属金窍膻中，以意行气体转动。

左转右动如虫蛹，长蛇出洞行无踪。

中定（土）歌

中定属土窍丹田，土长万物气抱元。

三田合一乾三连，顶天立地宇宙间。

巽桩养生歌

脚踏祥云身自玄，玄妙之门身自寻。

寻之至身颜为笑，笑颜常开身自安。

传抄的关于太极八法的歌诀

八字歌

掤捋挤按世间稀，十个艺人九不知。

若能轻灵并捷便，沾连粘随俱无疑。

採挒肘靠更出奇，行之不用费心机。

果能沾连粘随字，得其环中不支离。

打手歌

掤捋挤按须认真，上下相随人难进。

任他巨力来打我，牵动四两拨千斤。

引进落空合即出，沾连粘随不丢顶。

十三字行功诀

掤手两臂要圆撑，动静虚实任意攻。

搭手捋开挤掌使，敌欲还招势难逞。

按手用着似倾斜，二把採住不放松。

来势凶猛挒手用，肘靠随时任意行。

进退反侧应机走，何怕敌人艺业精。

遇敌上前迫近打，顾住三前盼七星。

敌人逼近来打我，闪开正中定横中。

太极十三字中法，精意揣摩妙更生。

十三字用功诀

逢手遇掤莫入盘，沾粘不离得着难。

闭掤要上採挒法，二把得实急无援。

按定四正隅方便，触手即占先上先。

捋挤二法乘机使，肘靠攻在脚跟前。

遇机得势进退走，三前七星顾盼间。

周身实力意中定，听採顺化神气关。

见实不上得攻手，何日功夫是体全？

操练不按体中用，修到终期艺难精！

"十八在" 诀

掤在两臂，捋在掌中，

挤在手背，按在腰攻；

採在十指，挒在两肱，

肘在屈使，靠在肩胸。

进在云手，退在转肱，

顾在三前，盼在七星，

定在有隙，中在得横。

滞在双重，通在单轻。

虚在当守，实在必冲。

八要

捌要撑，捋要轻；

挤要横，按要攻；

採要实，挒要惊；

肘要冲，靠要崩。

八法秘诀

捌劲义何解？如水负行舟。先实丹田气，次要顶头悬。

全体弹簧力，开合一定间。任有千斤重，飘浮亦不难。

捋劲义何解？引导使之前。顺其来势力，轻灵不丢顶。

力尽自然空，丢击任自然。重心自维持，莫为他人乘。

挤劲义何解？用时有两方。直接单纯意，迎合一动中。

间接反应力，如球撞壁还。又如钱投鼓，跃然击铿锵。

按劲义何解？运用如水行。柔中寓刚强，急流势难当。

遇高则膨满，逢洼向下潜。波浪有起伏，有孔无不入。

採劲义何解？如权之引衡。任尔力巨细，权后知轻重。

转移只四两，千斤亦可平。若问理何在，杠杆之作用。

挒劲义何解？旋转若飞轮。投物于其上，脱然掷丈寻。

君不见漩涡，卷浪若螺纹。落叶堕其上，倏尔便沉沦。

肘劲义何解？方法有五行。阴阳分上下，虚实须辨清。

连环势莫当，开花捶更凶。六劲融通后，运用始无穷。

靠劲义何解？其法分肩背。斜飞势用肩，肩中还有背。

一旦得机势，轰然如捣碓。仔细维重心，失中徒无功。

云卷云舒　变化随心——方家对话吴式太极拳①

心理学家认为，紧张是人类无法消除的情绪感受，适度的紧张还有利于人的健康。

太极拳提倡放松，但并非孤立、武断地理解它。这是因为，首先，做到"松"不可能一蹴而就，从紧张到放松是一个过程，这是一个需要正视的过程，松是有程度、层次的。其次，达到相对松后，还要善于利用"紧张"，比如，太极拳最后一击，就要高度紧张，越能松，便越能"紧"，这就是矛盾的运动。

"松""紧"之间的诀窍在于——控制。

有序化的紧张，也是一种放松。这就是控制的作用。有序使系统各组成部分、各相关元素之间的阻力、能耗减到最低，润滑贯通，平和对接。太极状态中，身体达到高度有序化，各生命系统、各器官、功能之间平和共振，并与外界实现有序沟通，物我两忘，又物我如一。

太极拳是一种具有高度控制技巧的学问。太极拳技击，要能"控人"，沾、粘、连、随、掤、捋、挤、按都是控制对手的技术。太极拳养生，要能"控己"，抱元守一，气沉丹田，精神内敛，都是"控己"的要则。

从起势到收势，太极拳便进入了一个控制程序之中，一举动，合乎

①节选自余功保著《盈虚有象——中国太极拳名家对话录》一书，略有改动。原题为《平和控制——与吴式太极拳名家张全亮的对话》。余功保，中国著名太极拳文化研究学者，现为世界太极拳网总编、博武国际武术网总编；曾供职于原国家体委、国家体育总局武术研究院气功部、产业部。

法，顺乎理。只是到了高级阶段，控制便成为自然，不带一丝火气，平和流畅。

不深入理解控制，难以全面把握太极精奥。

王培生先生曾经大力提倡将现代的信息论、系统论和控制论与太极拳传统理论相结合，进行太极拳的研究和实践。张全亮先生得其太极精华，并与八卦等内家功夫相结合，变中求衡，动中求静，于不动声色中呈展拿吞吐之象，得平和控制。

内家功夫妙法在心

余功保：我的印象中，您是一位非常用功的武术家。用功是武术家的必要素质，功夫功夫，用功是基础，一个人习武天分再高，恃才懈怠，就难成大器。

张全亮：用功是由于发自内心的喜欢，否则难以几十年坚持下来。你喜欢了，用功就不是一种苦，虽苦有乐。

余功保：所以用功和刻苦还是不一样的。我历来主张要提倡快乐武术，就是大家从习武中得到健康，也得到快乐，没有快乐的健康不是真正的健康。健在身，乐在心。要有大喜悦感。

张全亮：练太极拳尤其要如此，从内心深处对拳有感情，感情来自哪里？来自身心合一的享受。

余功保：您习练的武术内容很丰富，好像在八卦、太极这两种内家功夫上尤其突出。您认为这两者之间有何异同，有何关联？

张全亮：历史上很多武术家是八卦、太极兼练的。它们之间一是有相通之处，二是有互补之处。

我的八卦掌是从学于杰出的武术家李子鸣先生，太极拳从学于杰出的武术家王培生先生。这两种拳术在技术风格上的确有所不同，比如八卦掌善变，变化的形式很多，练起来让人有眼花缭乱的感觉，往往出奇制胜，身法上很灵活。太极拳相对比较稳重一些，外形上缓慢一些。但它们的共同点更多，都讲究阴阳，讲究虚实变化。怎么变，就在虚实之间来变，"示之以虚，开之以利"，最紧要的是，他们都强调内练、内养，是修内、修心的功夫，要练好它们也必须用心去体会。这两者结合起来练是可以互相体证的。

余功保： 您学习其他拳种，您的两位老师有什么看法？

张全亮： 他们在武术的思想上都是非常开通的，老一辈武术家的胸怀都很宽广。其实在过去，传统武术家们是提倡交流、博学的。

余功保： 在过去有一大批很有造诣的武术家本身都是受益于多师的。在太极、形意、八卦几个方面兼修得更多一些。

张全亮： 很多老武术家文化水平不一定很高，但他们在武术上的见识的确很高。这源于他们对传统武术文化扎实的基本功训练和理念的吸收。

余功保： 您通过长期研练太极拳，对于它有什么体会和认识？

张全亮： 通过这些年研究太极拳、练习太极拳，我觉得太极拳文化品位极高，是一种高品位的拳术。

它的内涵非常丰富。开始的时候，我练拳就是练拳，但是通过老师的指导、讲解，才明白太极拳与生理、医学、美学，甚至和一些边缘科学都有很深的关系，也理解了为什么古人穷毕生之精力去学习，越学越觉得有味，因为太极拳的文化内涵和科学内涵都很深，同样一趟拳，常学常新。

而且太极拳是与时俱进的，根据你功夫的高低，根据环境的变化，根据人和人之间的差异，高、矮、胖、瘦，性子急、性子缓，根据对手的变化，都可以产生变化。

练习太极拳可以提高智慧，开发智慧，开阔思路。

练习太极拳还可以提高控制能力，人们往往遇事不冷静、急躁，太极拳可以让人冷静、松静沉着，头脑清醒，只有头脑清醒才能辨别阴阳、发挥优势，找到对方的薄弱环节。一急躁、一烦、一怒就完了，所以要制怒，提高控制能力，才可以冷静地审时度势。在平常的工作和生活中也可以用太极拳的很多理论来指导。

余功保：太极拳对人性有砥砺作用。

张全亮：太极拳也是一种解扣的技术，人的一生会有很多扣，有了问题就有了扣。但没有解不开的扣。解扣就是一门学问，太极拳处处都在解扣。它研究扣是怎样形成的？用什么方式解最有效率等。

此外太极拳还是一种锻炼亲和能力的拳术，利用"和"，拉近距离，在交往中，通过"和"来化解，在技击中，和则近，近战，就什么都能发挥出来了。

余功保："和"是中国哲学中的一个重要概念，"和"代表一种妥当的解决方案。"不战而屈人之兵"就是一种"和"。

张全亮：太极拳是丝丝入扣的。想问题想得细致，在整个过程中进行控制。太极拳是一种高科技拳，强调过程控制。人体是一个很大的网络，通过练太极拳这种科技含量很高的拳种，通过人体入手，研究自然、研究社会、研究万物，以武术入手研究社会发展。

余功保：太极拳理论就是古典的控制论，含有现代控制论的许多核心元素。它所讲的控制不是单纯的外向性控制，而是把自己作为整个系统中的一个元素，参与控制的全过程，这样就更全面。太极拳的控制，无论是对自身的健康控制，还是他人的技击控制，都是平和的控制、建设性的控制。

张全亮：太极拳讲究精、气、神，是最高级的拳术，是一种整体的拳术，是科学拳、文化拳。太极拳可以陶冶性情，一练就觉得特别舒服、令人自我陶醉。把自然万物的道理返回到自身就是太极拳。

比如一年四季的道理和拳的道理是一样的，夏天最热的时候就好比拳发力发到极点的时候，一阴生起，开始没劲，下到最低点的时候，彻底没劲了，好比到了冬天了。则开始一阳生起，到春天了，然后又慢慢到夏天阳最盛的时候了。四时有阴阳交替的变化，宇宙也是这样，夜里

12 点是最黑的时候，就是在那个点转化阴阳，开始变亮，到中午 12 点最亮，又开始转化阴阳，逐渐变暗。这是自然规律，研究这个自然的规律，利用它，才可以健身、保事业，让你成功立于不败之地。

练太极拳就要研究这些道理，体会这些道理在拳中是怎样体现的。

所以，太极拳是一种规律性拳术，是符合自然规律的拳术。就好比车行驶是靠车轮转动的道理一样，拳是腰动、胯动、膝动，关节动，动有动的规律。

余功保：掌握规律比练好要领更重要。

张全亮：拳的要领是身体去做，拳的规律就是法，需要用心悟。

余功保：心手相连，就是知行如一，把规律活化为要领。

张全亮：太极拳是一种人性化的拳术，讲究人情世故，研究人，以人为本。太极拳的柔不是柔弱无力，是螺旋形运动，波浪形发展，是宇宙规律。让你觉得很弱，实际不是那样，这才是高的地方。

大多数人练拳就是比画、健身，但是太极拳内涵丰富，是一门综合性的科学，过去说"太极十年不出门"，说的就是科学这个层次。

余功保：您从什么时候开始学习太极拳的？据说您学拳时跑的路很远。

张全亮：我最早是在 1953 年练摔跤，1956 年开始练武术。先后习练过查拳、弹腿、太极拳、八极拳、通背拳及佛道气功等。1974 年拜八卦拳名家李子鸣先生为师学练梁式八卦拳。接触太极拳是 1971 年，先是杨式太极拳，后来又经已故著名武术家张旭初师兄介绍，向王培生先生学练吴式太极拳，1985 年正式进门。

我向王培生老师学拳的形式，一是经常到他家去请教；二是创造条件，请他到我工作的地方讲课；三是坚持每周两个晚上，到北京西城区少年宫听他讲课。

那时，南城一个点，北城一个点，我们是北城的点。那时向王老师学拳的人很多，院里总是满满的，有入门弟子，也有学生，有五六十人。

当时我在大兴建筑工程总公司工作，开始听课是开车去，后觉得开公车去听课影响不好，就改乘公共汽车。过了一段时间又觉得来回倒好几次汽车太麻烦，有时下课晚了还赶不上车。我改为骑自行车，因不常骑车，路也不熟，开始由大兴县城骑到西城区少年宫需两个小时，过一段时间路熟了，骑得也快了，一个半小时就到了，后来锻炼得只需一个小时。

我每次都风雨无阻。傍晚下了班，骑车就走，虽然我路最远但一般都是先到。晚上八点左右老师开始讲课，讲一两个小时。老师走了，师兄弟们还要在一起互相切磋，多是到十一点多才散场。我回到单位时就十二点多了，有时一点多。当时跟我一起学拳的有四五个人都是我的学生，他们谁也没有坚持住，我一直坚持到那个学习班停止，大约有四年多的时间，学习了不少东西。

老师系统讲授了吴式太极拳 37 式、83 式、太极刀、太极剑、太极枪、太极沾杆、尹式八卦掌、八卦 64 散手掌、太极推手、乾坤戊己功、祛病健身小功法等。从理论到实践，从规范到实用，一招一式讲得非常细致、认真，学得非常过瘾。虽然每次往返要骑车走 30 多公里，但我也不觉累。

那时生活很困难，我每月工资 30 多元，开始下课回家时路过牛街花两毛钱吃一碗朝鲜冷面，但后来就觉得花不起了。就在下班时买两个馒头、一块咸菜放在办公桌上，冬天放在暖气上，下课回来再吃。虽然苦点，但因学到了真东西，又觉苦中有乐。我的刻苦精神，曾得到老师的赞赏，老师对我也常有特殊关照。

拳本无法，动即是法

余功保：您的太极拳主要是跟王培生先生学习的。王先生在武术的技术、理论上有很多突出的成就，在太极拳的推广传播上也做了大量工作，是一位负有盛名的武术家。您作为王先生的重要传人之一，您的印象中王先生是一位怎样的人？

张全亮：王培生老师以吴式太极拳、推手技艺和技击实战享誉武林，著称天下。他武学渊博，根扎八方，基础雄厚。

他从九岁的时候开始习武，先后师从多位武坛名师，学练过查拳、弹腿、八卦掌、形意拳、通背拳、八极拳、劈挂拳、太极拳等。他十三岁进吴式太极拳门，师从于太极拳大师杨禹廷先生，并承蒙王茂斋师祖亲传密授。又经王培生先生数十年如一日的苦练研摩、教学实践、实战总结，有机地融入了所学各派名师名拳的精髓，形成了风格独特、自成一体、具有王氏特点的吴式太极拳。

王培生先生一生不二，武坛耕耘七十余年，其从武时间之长，从师之多，经验之丰富，功力之深厚，学识之渊博，理论之深透，技术之全面，著作之广泛，门人之众多，经历之坎坷，特别是不畏强手，勇于实战之精神，在当今武坛上屈指可数，可谓独领风骚，独步当代。

我通过向王培生老师学拳，深深感到王老师的功夫高深莫测、博古通今、博学多才。他从理论和实践的结合上，把吴式太极拳发展到了一个前所未有的高度，也可以说是前所未有的新阶段。

他善于以理，包括拳理、生理、物理、伦理、哲理来论拳；以拳晓法，解析技击之法、做人之法、做事之法、健身之法；以法示道，讲天道、地道、人道、三才合一之道；以道育人，培养文明礼貌之人、博学多才之人、开拓进取之人、见义勇为之人、无私奉献之人。

他善于把祛病强身、技击抗暴、挖掘人体潜能、为人处世等理论知识有机地融于吴式太极拳的一招一式、一动一法之中，把吴式太极拳发展成为如《易》道之"无所不包""无所不统""无所不通""无不受益"的特色学科、特殊文化，至尊至上之艺术，其拳理至简、至深、至易、不易。

余功保：您觉得他在武学上有哪些主要特点？

张全亮：我感到王培生老师的功夫有五大特点：

第一是神，看王老演拳观之神足，悟之神妙。使人如观奇景，如临妙境，心旷神怡。松静体悟，如沐春风，场势效应极佳。用王老的话说就是："我练这趟拳，感到很舒服，大家看了也觉得很舒服，我自己受益，大家也都受益就对了。否则，这趟拳就没有练好。"王老发人奇招妙手，层出不穷，出神入化，纯任自然，一应神光，犯者立仆。

第二是隐，就是虚静空无，不显不露。观王老演拳，静如大地复苏，万象更新。心如止水，形似山岳，四梢齐发如萌，静中寓动，内涵无限生机和活力，巨大能量潜运其中。看王老发人如风似电，无形无象，所向披靡，跌翻绝妙，灵境难以言传；看似至柔，实则至刚，看似至刚，实则至柔，刚柔兼备，阴阳合德；动静缓急，随心所欲，神意内藏不显外相。

在他看来，拳本无法，动即是法，出手不见手。

第三是速，王老发招如矢赴的，如电击人，至疾至速。观王老演拳，动如江凌直下，气势磅礴，不可阻挡。行拳走势，身如江河，手似漂凌，动中寓静，静中寓动。打手发人，势如风吹浪涌，快若闪电雷鸣，使人无隙逃脱，无力挣扎，无可奈何。

第四，是险。就是危机险象临近之谓也。王老演拳浑然无迹，中气实足，威慑力极大。观其行如履薄冰，也随之提心吊胆；看其动，如蟒蛇穿林，亦有惊慌失措之感；观其神，如听虎啸猿啼，感到毛骨悚然。与王老交手，不动则已，动则如临悬崖，如踩毒蛇，顿感倾心吐肺，失魂落魄，险象环生。王老周身无处不是轴，无处不生钩，无处不翻板，无处不弹簧，无处不机关。扶之则倾，按之则翻，触之则发。

第五是博。王老武功和武学知识博大精深，其拳理拳法有极深的文化和科学内涵，跟他学拳就好像上学术课。每学一招一式不但让你知道其动作规范，技击用途，健身作用，还能让你学到很多相关的哲学、力学、伦理学、生理学、心理学、美学、医学，特别是针灸经络学和现代科学之三论（即信息论、系统论、控制论）等广泛的知识，让你心胸开阔，使你开智开悟。

余功保：您认为王培生先生在武术上有哪些贡献？

张全亮：王培生老师对武术事业的贡献是杰出的。第一，他精简创编了吴式简化太极拳37式。吴式太极拳老架83式，全趟学下来需要很长时间。1953年王培生先生在北京工业学院教授吴式太极拳时，由于安排课时较少，不易在短期内教完全部课程，多数学员要求在保留主要招式的前提下加以简化，王老为了使吴式太极拳便于普及，应广大学员的请求，以创新的精神，把原来老架83式去掉了重复的动作，删定为37式，178动，按运动量大小做了科学合理的顺序调整，并根据历来太极拳家强调的练太极拳"用意不用力"的特点，在每一招式或每一动作中加入了"意念"和"感觉"的说明。

这趟太极拳的创编，很快得到了广大太极拳爱好者的认可和喜爱。先后用多种文字在国内外多次印刷发行，均被抢购一空。吴式简化太极拳的创编，对吴式太极拳的传播、普及、发展起到了巨大的推动作用。

第二，他把自己数十年积累和体悟出来的武术健身治病的经验，总结提炼创编了《乾坤戊己功》和数百种"祛病健身小功法"，公开传授、公开发行，为广大武术爱好者和广大人民群众提供了一套简单、科学、易练、有效而又不用花钱的治病健身的奇招妙法。实践证明这些功法不但有很好的技击抗暴功效，同时具有很好的祛病强身效果；既是对武术事业的贡献，也是对人类健康事业的独特贡献。

第三，他通过数十年的苦练研究，给太极拳提出了新的定义和新的理论学说。他给太极拳提出的新定义是"实用意念拳"。强调练拳要先想后做，先看后行。要求太极拳在技击和治病时，只意想某一穴位，强化意念的作用就可以取得出奇不意的效果。他创造性地提出太极拳新的理论学说主要有三个方面，一是"以心行意，按窍运身"；二是"神意不同处"；三是"身外之六球"。

按窍运身就是在运动时要想穴位，用穴位领着身体走。比如两手上抬时想十宣穴找劳宫穴，用手指找手心。两掌下按时想外劳宫穴，动作即轻灵又隐蔽，能充分体现出太极拳用意不用力的精髓和特点。"神意不同处"是指在练套路或技击发招时，眼神向上而意念向下，眼神向前而意念向后，眼神向左而意念向右等，充分体现出太极拳及一切事物的对立统一，奇正相生的运动规律和最佳功效。所谓"身外之六球"就是要求在太极拳演练和推手技击时，欲要两手两足的开合，先要想两眼球之开合，即两眼球管两手两足和发放之远近；欲要两肘两膝开合时，先要想两肾球之开合，即两肾球管两肘两膝和身体之左右旋转；欲要两肩两胯开合时，先要想两个睾丸球之开合，即两个睾丸管两肩两胯和上下之起伏。

另外，王老还通过大量实践和研究体悟，科学地提出了"形意拳主直劲，八卦掌主变劲，太极拳主空劲"。

王培生老师给太极拳提出的新定义和新理论，使太极拳在体用两个方面更加规范，更加科学，更加精细，更加形象，从而增加了太极拳独特的魅力。

第四，他把太极拳和八卦掌变成了传播科学文化知识的载体。王培生先生讲课，从不干巴巴地讲动作规范，而是把大量生动活泼、丰富多彩的科学文化知识，自然有机地融入太极拳和八卦掌拳式动作之中，使学者在学拳的同时还能学到很多科学文化方面的知识，特别是传统文化理论知识，从而对太极拳、八卦掌的内涵和外延了解得更加全面，更加深透。实践证明，跟王老学拳既能强身又能开智；既能提高防身抗暴技能，又能提高认识客观规律、解决各种矛盾的能力，把太极拳、八卦掌的拳术价值推进到了一个前所未有的新阶段。

第五，他以自己的实战业绩，充分体现了太极拳的真髓妙谛，为太极拳的技击作用正了名。他在数十年的武术生涯中不畏强手，勇于实战，敢于和各门派与他较技的武林朋友切磋技艺，从不推托，不保虚名，也从未输过手。他曾经多次挫败日本武术界高手的挑战，捍卫了中国太极拳的技击声誉。这些事迹在《人民日报》《武林》杂志等十多家报刊都有报道，日本《阿罗汉》杂志进行了专题报道，称王培生先生为"东方武林奇人""中国十大武术家之一"。

第六，多年以来他长期奔走于北京各大专院校、《人民日报》《中国日报》等多家新闻单位，讲学教拳；他经常应邀到全国各大城市和国外教拳传艺。他广收门徒，弟子数百，学生数万，使吴式太极拳和中国传统文化得到了广泛传播。

第七，他著述颇丰。他把自己从多家武林前辈中学到的拳术技艺和经过自己多年实践总结的经验体会，都毫无保留地无私奉献给社会。他经常通宵达旦地奋笔疾书，先后出版了《太极拳推手技术》《吴式简化太极拳》《吴式太极拳三十七式行功图解》《太极功及推手精要》《乾坤戊已功》《太极拳的健身和技击作用》《吴式太极剑》《吴式太极枪》《健身祛病锦九段》《八卦散手掌》《祛病健身小功法》《吴式太极拳诠真》等十余部经典专著，并公开录制发行了吴式太极门的一系列拳术、器械和治病健身的录像教学片。内中姿势规范，文字确切，理论新透，内涵丰富，风格独特，很多不传之秘尽含其中，是一套挖掘国粹，继承传统，全面研究吴式太极拳、械源流发展，理论技术，文化内涵，健身开智效果的绝好教材和珍贵文献。

第八，王培生先生在教学方法上也是独树一旗帜。他在教学时，非常注重对学生头脑的开发。他教拳常以说拳为主，他能把自己所学的拳、械套路，从头至尾有多少式子、多少动作、动作名称、动作规范、技击和健身作用、有什么歌诀等，都如数家珍准确无误地背述出来。他强调学生要博闻强记，他说太极拳是"头脑功夫"，是"文化拳"，如果没有文化，没有知识，思想不开窍，武功也不能达到高层次，练多好也只是把式，不是武术家。王培生先生弟子门人中，名人辈出，与其科学独特的教育法，也是有重要关系的。

王培生先生一生坎坷不平，但一身正气，刚直不阿。他爱国爱民，一生忠于武术事业，数十年如一日，执着地研究中国武术的精髓，全面继承，大胆创新，硕果累累，但却淡泊名利，从来没有以武术谋取个人功名和利益的意识。他毫无门户之见，毫无保守思想，白天教武，晚上写武，把一生心血都无私地献给了中国武术事业。他说："传艺是我的职责，益人是我的享受"，"前人的东西虽然来之不易，但是我不能把它视为私有，更不能把它带走，要把我之所学和我之所悟，全部奉献给祖国，奉献给人民，这就是我惟一的愿望。"

我认为，他是一位真正的、纯粹的武术家。

生命在于体悟运动

余功保： 吴式太极拳是当代重要的太极拳流派，习练人数越来越多，大家对吴式太极拳的理法也十分关注。您认为吴式太极拳有什么主要特点？

张全亮： 对于吴式太极拳，李秉慈老师总结过"轻静柔化、紧凑舒身、斜中寓正、川字步型"，很有代表性。其中"斜中寓正"有一些争论，我在这里边稍有补充，"斜中寓正"这句话没错，但还可以在前边加上"中正安舒"，每一式必须保证中正安舒。中正还得要安舒，舒服，这样才能灵活，如果跟柱子似的正，就不灵活。即中正安舒，斜中寓正。川字步型，我加了一个"虚实清楚"，杨师爷传下来的拳虚实要清楚。每迈一步的时候，必须先把重心安排好，沉肩坠肘，这脚想出去、很有出去的愿望，安排好了再出去，出去还不放心，还得抻着点，别让你滑下去，好比往低处去，拿绳子拽着，别让你滑下去。一点儿一点儿试，如履薄冰。一个脚趾行，俩行不行？五个行不行？前脚掌行，后脚掌行不行？都行了，再松。原来很紧张，一下松了，大实大虚。虚实分清楚。

手也是一样，左重则左虚，右重则右杳；实者静，虚者动。接触这点是实的，这点就是虚的。打人接触后接触点不能动。讲究阴阳、虚实、刚柔，把这些东西弄清楚了，这拳水平就高了。

我还加了"细腻连绵"，没有断续的地方，运动过程细腻，有时甚至是不知不觉；但水积多了，积得不能再多，就会下泻。比如山洪从山上下来，到地下之后就如千军万马一般，到身前像无数条蛇一样，水是无孔不入的。

说"生命在于运动"不是很科学，"生命在于静止"也不对，我提出，生命在于体悟运动，就是在运动时加上思想的体悟。由脚、而腿、而膝、而腰、而肩、而肘、而手。意在肩，气到肘；意在肘，气到手。运行中是细腻的，越细越好，一丝一丝地走，练思想，练稳定性，除暴躁。手法细腻，接触点不动，就像大树根深叶茂，形要下，气就上，神要往上领，形就往下去。

在技击中我刚接触对方，松腰、松胯，手就长了，沉稳有力。

神意不同处，比如云手，这个手走的时候，意念在另外一个手，像车轮一样，推着往前走。过程整个环节都很细，细腻连绵，灵活多变。纯任自然，一年四季，公转自转都是自然的，这是大的方面。要向前先要往后，要向下先要向上，这都是自然的东西。在运动中，中正安舒，有运动之势再去动就是纯任自然了。如果纯任自然了，每个动作都很舒服。

纯任自然，自然那点在哪儿？这种学问和窍门，没有师传，没有经过人指点，你不知道。沉肩坠肘，到底该如何沉肩坠肘？你练着不舒服，用得不舒服，或者别人看了不舒服，可能就都是不对的。找到这个点以后让它自然成型。纯任自然，纯以意行，往哪儿走就要往哪儿想。

余功保：最舒服的状态就是最对的状态，这是一种纯任自然的观点。

张全亮：自然最简单，也最难做到。

余功保：本来自然是人的天性，现在需要精心地锻炼才做到，说明后天人的干扰因素太多。

张全亮：练功中"后天返先天"就是这个道理。

余功保：练习太极拳的方法很多，您认为应该如何练习才能达到比较高的水平？

张全亮：要练好太极拳，我觉得有这么几点需要注意：

第一，弄清规范。这一点非常重要。每个式都要规范，怎么是正确的，应该怎么去练。动作必须准确，不能囫囵吞枣，稀里糊涂大概地练，那样练出来只是一个外在，里边没东西。

第二，缓慢精进。练拳要慢，"精进"就是你练的东西出来的是精品。行家一伸手，便知有没有。跟书法一样，一个式子、一个式子练。现在教学生跟过去不一样，过去可能站桩站半年老师都不搭理你。现在是先划道，我重点给你说一个式子、两个式子，先让你比画，再一个动作、一个动作纠正，然后从量变到质变。不同阶段体会不一样，慢慢体会，多说。

第三，明目开智。拳术之道贵在精纯，成功之道贵在坚持，为人之道贵在诚信，育人之道贵在开窍。明目开智，举一反三，给他讲自然的规律。形象比喻，有的动作老做不好，我说在你的手上放一块豆腐，颤颤悠悠，快了不成慢了也不成，还有松紧的感觉。说到他就明白了，就做好了。比如公转自转，我说你想你自己是长着尾巴的猫，你追你自己的尾巴，自然就圆了、灵活了。背向后走，胸向里旋，脚向外走，正好符合公转自转、太阳地球的关系，也符合阴阳鱼，你把这些道理讲清楚了，当然这些可能在过去都是不传的秘密。根深叶茂，万物负阴而抱阳，树根往下扎，营养往上，根越深，树越茂。明白了，开窍了，思想变化，实际动作也就正确了。

第四，练知己，练知彼。知己就是自己练，知彼就是跟别人接触、推手、技击，需要实践经验。知己后得需要到外边跟不同的人接触，人的高矮胖瘦不同，脾气秉性不同，思想感情不同，在你对他用手的时候，会有很多的区别和变化，这些都需要在实践中积累经验。没有实践经验只有书本知识没用。

第五，体用兼修。在一开始学拳的时候就应该贯彻，怎么练，怎么用。知道怎么用，再练才记得牢。了解了练起来才有趣味。

余功保：传统太极拳是一种很讲究技击性的拳术，过去很多太极拳名家都是技击的行家。但现在懂得太极拳技击的人相对少了，有些技击的要领、方式也不得法。太极拳技击是不能丢失的东西，丢失了，太极拳的灵魂就没有了。健身和技击并不矛盾，相反，练习技击对于炼神、养性是大有神益的。如何提高太极拳的技击水平呢？

张全亮：在太极拳技击训练上，下面几方面的功夫要重视：

筑基。要想掌握太极拳的技击方法，提高太极拳的技击水平，就需要打好根基，拳是根基。如果不重视这些，上来就要打，不行。特别是传统的东西，很丰富，有很多内涵和外延的东西。太极拳过去讲十年不出门，练习摔跤是一招一招怎么用，练武术不是，一开始先要站桩，再练套路，有个过程。太极拳根基很深，重视打基础，动作基础要打好。提高技击水平就要从根基上下功夫，站桩、盘架子、散手散招，高架、中架、低架，前边后边、左边练右边练。反常态运动，太极拳实际上就是反常态运动，它慢，所以健身。挖掘潜能，老向左边练，换一换右边练，把不适应机制、把那些已经沉睡了的机制调动起来。

知己。打好基础后，还要手法灵活，上下相随，根基深、气势壮，内外如一，腰中节不滞，所有关节灵活，每个关节里都有眼一样，可以转可以看，每个式子都能做到意领神行，气血畅达，知己应该练到这个程度。

从人。平时可以这样做，等到和别人接触的时候还能做到这样，跟别人接触的时候还能不能松、能不能灵、能不能活、能不能圆转自如、能不能把对方的力卸掉。舍己从人，沾粘劲。太极拳练习局部反射，不通过脑子，一摸劲就反映，整体劲、松柔劲、听劲、合劲。神领意注，不经过一定的知彼训练，有时候自己练的时候活，一搭手就僵，没有螺旋力了。先知己后知彼，反复练，练到周身无处不是轴，摸哪儿哪儿是轴，无处不翻板，无处不弹簧，无处不机关，无处不电门，一触即发。最高层次是要练到这样。

练空。技击不能只限于推手，推手是锻炼太极拳技击的一个过程，不是终点。点、打、拿、发、摔、卸，发是太极拳和武术中比较难做的一个，而且发得很轻松自然，这是很难练的，但是现在的误区是把这个当作终点、最高境界。这只是一个过程一个阶段，练习推手主要是练习空对方、合对方，不让他的劲力搁在你的垂直点上。空是一种境界。空里有活力，是辩证的空。

练合。我不一定比你的力量大、速度快，但是我可借用你的力。最后练到扶之则倾、按之则翻、触之则发，人我合一的效果。

余功保：太极拳学会容易，学精难；学拳容易，改拳难。如果从一开始尽量避免一些错误，特别是一些典型错误的发生，对拳的水平提高会大有帮助。您认为太极拳练习中容易犯的错误有那些，如何避免？

张全亮：典型的错误有：

不中。不中正。不垂直就是双重，垂直不垂直头很重要，眼睛要平视。

不松。僵。从生下来吃奶就使劲，到现在要反先天，不使劲。太极拳，泰山崩于前无动于衷。空，胜很多招。吴式拳要求松到什么程度？就像衣服领子挂在衣架上。

不圆。所有的运动都要秉承螺旋规律运动，每个式子都是圆的，外形不圆，思想和意识也要是圆的，不能直来直去。

不活。太极拳要圆活。处处弧形运动就是圆，流畅的圆就是活。

不合。身体表面处处要合，内外也合，把合练成一种习惯，不合就散了，神意散乱。

不整。练的时候整，用的时候不整也是毛病。

以上几个就是常犯的毛病。

这些错误表现在练拳时就是不松柔、僵硬用力，表现在技击上就是顶、匾、丢、抗，瘸、聋、跩、瞎，这些毛病要想克服，没别的办法，明白道理多练，练后天返先天，就像小孩一样，无所畏惧，无欲则刚，逐步往先天上返。我们有了辨别和抵抗能力，返回先天纯任自然，大智大勇，多学多练、多实践、多体悟，去掉思想里的杂念。

余功保：吴式太极拳在养生方面久负盛名，有很多高寿并且十分健康的名家例证。

张全亮：吴式太极拳具有很好的养生健身价值，是因为它缓慢，缓慢不滞。慢就周到，在运动过程中细胞、脉络、血管、神经受到缓慢刺激，没有滞点。其实练习太极拳就是一个修理保养的过程，各个基件有没有问题，五脏六腑有没有问题，缓慢运动加意念，全走到了，健身效果就比很粗的一下过去强，对心脏、血管各方面压力不大，缓慢无滞，减少刺激，细致周到。

松静自如，气血畅通。哪里疼就因为不通，气血周流不舒畅，中医讲的病原就是气滞血淤，把淤的地方都通开了，病就好了。

圆润自然，有趣味。如果练一种东西，没有趣味，像一般体育运动那样，练完就完了，那么对深层的锻炼效果就不好。练的时候有趣味，本身兴奋，精神就提起来了。练拳主要是精神，精神一起来就无迟滞了，畅通、柔和缓慢，血管弹性增大。

太极拳是规律运动，对健身和技击也有很大作用。

掌握规范、多听、多看、多练、多悟、多写、多总结、多琢磨。人的认识是没有穷尽的，不断提高。事物在不断变化，健身也一样，吃的喝的和过去不一样，原来可能吃的喝的不好，但是空气好，脑子里不乱，没那么多干扰、没那么多不平衡的事。现在则不然了，对健康也得要有与时俱进的新认识。

余功保：练习太极拳核心就是运用意念，这是它不同于体操的地方。练拳中如何运用意念？

张全亮：运用意念我觉得就是先想后做，做每个动作之前先想，先想后做，先看后行。训练的是整体劲，上下相随，这样就不会出现拙力，出现顶抗。以心行意、以意导气、以气运身、以身助神、以神领形。

若有若无，不能太多，温火像熬药一样，不能意念太重。

趣味运行，自己哄自己，玩物之趣，有活力，不滞，也不累。一遍一遍练消耗体力，再慢也是消耗，加上轻松愉快的有趣味的意念指导就不累。

丝丝入扣，体悟运动。不着急，气血贯穿像链条一样。生命在于运动和静止之间，也运动，但是在运动中体悟。

关于呼吸，开始练的时候不要刻意想，开始如果一想就不自然了，要顺其自然。练习一段之后，呼吸再与意念配合。

以心行意、以意导气，以自然的规律指导练拳。如水涸沙、根深叶茂的练法，趣味运动，精气神就自然出来了。

此外，眼神是一种无形的力量，眼睛是能量的窗口。吴式每个动作都有眼神的要求。开始练习时眼神要有意念的配合，练习到一定程度，眼神与动作的配合就自然了。

余功保：除了拳法以外，吴式太极拳还有一些器械套路，主要都是哪些？

张全亮：主要有太极刀、太极剑、太极枪、太极粘杆，也有棍，主要是这几种。常练的是太极刀、剑。器械的特点和太极拳的特点是一样的，中正安舒、沾连粘随、不丢不顶，器械也基本一样。练习太极拳的器械速度也很缓慢，太极拳的器械就等于太极拳手臂的延长，用器械代替身体，练习时也要一想、二看。

余功保：如何练太极拳的内功？

张全亮：太极拳本身是拳禅合一、拳道合一的，太极拳本身就是一种气功，本身练得就是一种内功、内劲、内气。

太极拳的桩法是练功的一种重要方式，比如：

马步站桩。可以去掉浮力，重心下移，练习松沉劲，把气沉到丹田。想命门、脚跟吃力，想膝盖、找脚尖，想命门、想膝盖，来回想，去掉浮力，有松沉劲，也可以健身。

川字步桩。近似三七势、三体式，两脚在两条线上，重心在一条腿上。分正步、隅步。膝盖不超过脚尖，想往前推、想后边，背后有人推你、你想前边。这种状态在技击时具有价值，发人有力量。

一字立体桩。分为合掌势、撑掌势，这就是后来王老说的与八卦卦象相对的坎桩、离桩，姿势高点儿低点儿无所谓，中指相对，拉开的时候想合上，合上的时候想拉开，手的粘劲很大，对气血周流畅通效果很好，老这么练内气充足。坎中满，往外去没劲，往里有劲；离中虚，往外有劲，往里没劲。撑掌式，前边有东西想背后，背后有东西想前边，同样是一组矛盾，力量大。结合八卦的方法，体系很完整。

站桩要和练拳相结合，练拳不练桩不行，练桩不练拳也不行，练拳慢练也是桩。主要从拳上找。

余功保：如何练太极拳的内劲？

张全亮：练好内劲就要多站桩、多盘架子，多实践。

所谓内劲就不是表面上的，是里边的东西，开始是靠意念领，意就像银针，神就像艾卷。走八卦，蹚泥步想三里穴，里边的神、意、力、气，不显于外，实际也是能量。通过太极拳、站桩的形式，松静下来，慢慢意守丹田、稍加意念，内劲按照规律慢慢自然就出来了。我感觉内劲就是一种能量，是一种人体的微量元素聚合与调用。在意念指导下的内气能量是可以随意运动的，当然也要加上技巧和引导。

余功保：学习古典太极拳论是深化太极拳研究的一门必修功课，您认为哪些传统太极拳论最为重要？

张全亮：传统太极拳论很多，大分就是三大家：王宗岳、武禹襄、李亦畲，都非常全面、具体、深透，我认为都应该学习、比较、筛选。王宗岳的《太极拳论》当然非常重要，《十三势行功歌诀》《打手要言》《十三势行工心解》《四字秘诀》《五字诀》《撒放秘诀》等都是精辟之作。

有的拳论是宏观概论，有的是把某一方面细化、具体化。这是我们在研读中要注意的。

学拳论我认为最重要的是活学，不要一定框在什么含义上，死扣字面，最后把自己套进去，要结合练拳体会。可能在不同阶段你的体会不一样，拳是活的，所以拳论也是活的。

余功保：现在总体上看来，太极拳的发展还是不错的，人数众多。但要实现更大范围内的长期、可持续性发展，就需要对传统太极拳进行很好的研究、继承，您认为在这方面还应该注重开展哪些工作？

张全亮：传统太极拳应该是太极拳发展的主要部分。无论从健身效果、还是技击效果来看，传统太极拳都非常好，因为传统的东西是冷兵器时代形成的，在生死搏杀的过程中产生的，为了保护自己和国家的安全形成的，本身带有实战技击的，没有花招虚招，再经过若干时代实践、总结、筛选、提高，经过考察、考验，保留下来。在健身上，过去没医没药，就打拳、打坐练内功，传统太极拳的确健身有效。

现在有的太极拳套路，注重表演，这也是一个方面，但不能舞蹈化，不能只考虑表演效果。吸收现代的一些元素可以，但太极拳的传统精神、传统技术要领不能丢。我觉得太极拳要回归传统的本质，才能继承、发展。想挖掘继承传统，尽可能恢复太极拳本来面目。

人文武术精品书系
北京科学技术出版社

武学名家典籍丛书

扫码购书
一键完成

杨澄甫武学辑注 定价：178 元
杨澄甫 著 邵奇青 校注
《太极拳使用法》
《太极拳体用全书》

孙禄堂武学集注 定价：288 元
孙禄堂 著 孙婉容 校注
《形意拳学》 《八卦拳学》
《太极拳学》 《八卦剑学》
《拳意述真》

陈微明武学辑注 定价：218 元
陈微明 著 二水居士 校注
《太极拳术》 《太极剑》
《太极答问》

薛颠武学辑注 定价：358 元
薛 颠 著 王银辉 校注
《形意拳术讲义上编》
《形意拳术讲义下编》
《象形拳法真诠》
《灵空禅师点穴秘诀》

陈鑫陈氏太极拳图说（配光盘）
定价：358 元
陈 鑫 著
陈东山 陈晓龙 陈向武 校注

李存义武学辑注 定价：268 元
李存义 著
阎伯群 李洪钟 校注
《岳氏意拳五行精义》
《岳氏意拳十二形精义》
《三十六剑谱》

董英杰太极拳释义 定价：98 元
董英杰 著 杨志英 校注

刘殿琛形意拳术抉微
定价：80 元
刘殿琛 著 王银辉 校注

李剑秋形意拳术 定价：89 元
李剑秋 著 王银辉 校注

许禹生武学辑注 定价：194 元
许禹生 著 唐才良 校注
《太极拳势图解》
《陈氏太极拳第五路并少林十二式》

张占魁形意武术教科书
　　　　　　　定价：98 元
张占魁　著
王银辉　吴占良　校注

武学古籍新注丛书
扫码购书
一键完成

王宗岳太极拳论　　定价：50 元
李亦畬　著　二水居士　校注

太极功源流支派论　　定价：68 元
宋书铭　著　二水居士　校注

太极法说　　　　定价：65 元
二水居士　校注

手战之道　　　定价：65 元
赵　晔　沈一贯　唐顺之
何良臣　戚继光　黄百家
黄宗羲　著
王小兵　校注

百家功夫丛书
扫码购书
一键完成

张策传杨班侯太极拳108式
（配光盘）　　定价：48 元
张　喆　著　韩宝顺　整理

河南心意六合拳
（配光盘）　　定价：79 元
李洄波　李建鹏　著

形意八卦拳　　　定价：52 元
贾保寿　著　武大伟　整理

王映海传戴氏心意拳精要
（配光盘）　　定价：198 元
王映海　口述　王喜成　主编

张鸿庆传形意拳练用法释秘
　　　　　　　定价：69 元
邵义会　著

华岳心意六合八法拳
　　　　　　　定价：65 元
张长信　著

戴氏心意拳功理秘技
　　　　　　　定价：68 元
王　毅　编著

传统吴氏太极拳入门诀要（配光盘）
　　　　　　　定价：68 元
张全亮　著

拳疗百病——39 式杨氏养生太极拳
（配光盘）　　　定价：96 元
戈金刚　戈美葳　著

尚济形意拳练法打法实践
　　　　　　　定价：89 元
马保国　马晓阳　著

非视觉太极——太极拳劲意图解
　　　　　　　定价：158 元
万周迎　著

轻敲太极门——太极拳理法与势法
　　　　　　　定价：108 元
万周迎　著

冯志强混元太极拳 48 式
　　　　　　　定价：75 元
冯志强　编著
冯秀芳　冯秀茜　助编

刘晚苍传内家功夫与手抄老谱
　　　　　　　定价：98 元
刘晚苍　刘光鼎　刘培俊　著

赵堡太极拳拳理拳法秘笈
　　　　　　　定价：126 元
王海洲　著

三爷刘晚苍
——刘晚苍武功传习录
定价：54 元
刘源正　季培刚　编著

乐传太极与行功　　定价：68 元
乐　匋　原著
钟海明　马若愚　编著

慰苍先生金仁霖太极传心录
定价：82 元
金仁霖　著

中道皇皇——梅墨生太极拳理念与心法
定价：118 元
梅墨生　著

杨振基传太极拳内功心法
定价：79 元
胡贯涛　著

卢式心意拳传习录　　定价：118 元
余江　编著

习练太极拳之见闻与体悟
定价：78 元
陈惠良　著